満洲の日本人

新装版

塚瀬　進

吉川弘文館

目次

図表一覧

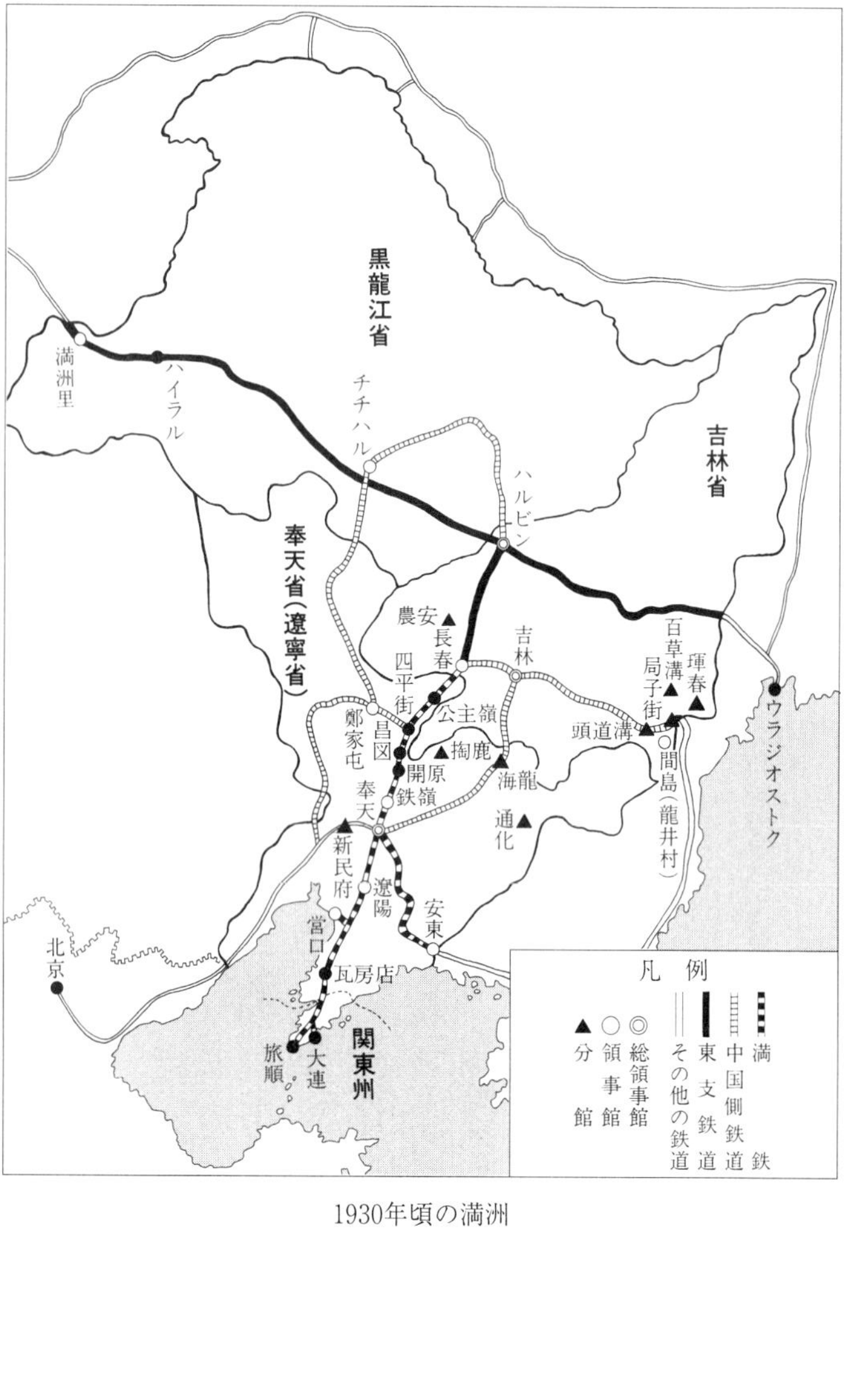

黒龍江省
吉林省
奉天省（遼寧省）
満洲里
ハイラル
チチハル
ハルビン
農安
長春
吉林
百草溝
局子街
琿春
頭道溝
間島（龍井村）
ウラジオストク
四平街
公主嶺
掏鹿
鄭家屯
昌図
開原
海龍
鉄嶺
奉天
通化
新民府
遼陽
安東
営口
瓦房店
北京
旅順
大連
関東州
凡例
満鉄
中国側鉄道
東支鉄道
その他の鉄道
総領事館
領事館
分館

1930年頃の満洲

はじめに

　二一世紀を迎えた現在、日本人の活動場所は世界的な広がりをみせている。アメリカ大リーグでの野球選手やヨーロッパでのサッカー選手の活躍などは、一昔前の日本では考えられないことであった。しかしながら、海外で活躍する日本人があらわれたのは、なにも今に始まったことではない。明治時代以降、少なからずの日本人が海外に渡り、活動していた。

　日本人移民の送出は、一八八五年に日本政府がハワイへの移民送出を始めたのが、本格化の始まりとされている[1]。日露戦争（一九〇四〜〇五年）以前では、日本人移民の移住先はハワイと南北アメリカが主であり、朝鮮、中国などのアジアへの移民は少なかった。アジアへの日本人移民が増えるのは日露戦争以降であり、本書で取り上げる満洲に住む日本人が増えるのも日露戦争後であった。満洲には満洲国建国（三二年）以前では約二三万人の日本人が暮らし、敗戦時には約一五〇万人に達した。多数の日本人が満洲で生活したためか、現在でも「アカシヤの街大連《だいれん》」、「赤レンガの奉天駅《ほうてんえき》」などの満洲イメージを持つ日本人は多いように思える。本書は、一九世紀末に日本人が満洲に流入してから満洲事変（三一年）までの期間をとりあげ、日本人が満洲でしていた活動を具体的に明らかにし、その意味や問題点について考えることを目的にしている。

こうした課題を設定したのは、以下のような理由からである。筆者は『満洲国「民族協和」の実像』(吉川弘文館)という満洲国を題材にした著書を一九九八年に出した。この著書において、満洲国に住んだ日本人は周囲に暮らす中国人などの異民族に対しては無関心か蔑視《べっし》する態度で接しており、満洲国政府も民族間の相違を埋める努力はせず、民族協和が達成できる状況は存在しなかったことを指摘した。出版後、周囲の異民族との共生を考えず、蔑視したり無視する日本人は、満洲国の建国により生まれたわけではないと考え始めた。そして、その理由を明らかにするには、満洲国以前に満洲で活動した日本人(在満日本人)の状況について考察する必要があると考えるに至った。

「満洲国以前の満洲における日本人の活動」とでもいうべき課題を思いついたとはいえ、どのように手をつけてよいのか思案に暮れた。考えた末、在満日本人の姿を時系列的に知るため、『満洲日日新聞』に目を通すことを始めた。『満洲日日新聞』は大連で一九〇七年一一月に創刊された新聞であり、創刊号から四三年までのマイクロフィルムが国立国会図書館に所蔵されている(2)。時間の許すかぎり、国会図書館の新聞閲覧室でマイクロフィルムとにらめっこする生活が二年あまり続いた。『満洲日日新聞』には在満日本人に関するさまざまな記事が掲載されていた。社説の論調も興味深かったが、私が関心を持ったのは在満日本人の投書や三面記事の事件録であった。これらの記事には、在満日本人が日々の生活のなかでどのような悩みや不満を持っていたのかを、浮かび上がらせてくれる内容が含まれていた。

『満洲日日新聞』の記事を中心に在満日本人の活動を復元するなか、在満日本人の「人名録」を集める仕事に携《たずさ》わった。(3) 各種の「人名録」を集めて復刻するとともに、人名ごとの索引化を行った。その結果、在満日本人の履歴の検出は極めて容易になった。また近年飛躍的に向上したインターネット上での文献探索機能を活用し、文献や資料の収集を行った。本書は『満洲日日新聞』、「人名録」、各種文献という三つの資料群を材料にしている。

　これまでの在満日本人に関する研究は、日本帝国主義とのかかわりから検討されてきた。その代表的な研究である柳沢遊氏の『日本人の植民地経験　大連日本人商工業者の歴史』は次のように述べている。(4)「満州に進出した日本人商工業者は、日本帝国主義の尖兵《せんぺい》的役割と植民地社会における社会的支柱という歴史的機能を果たした」とし、満洲の日本人商工業者が果たした「日本帝国主義の尖兵的役割」を強調している。柳沢氏は大連で活動した日本人商工業者の動向について詳細に考察を加え、在満日本人商工業者の特徴について分析している。その分析手法は、在満日本人商工業者とはどういう日本人であり、どういう人間関係のなかにいたのかという、在満日本人の内部に向かう方向性を示している。

　本書の分析は、三つの点に重点を置いている。第一には、満洲という外国で活動するうえで、在満日本人はどのような困難や問題点を抱えていたのかを明らかにすることである。その際、柳沢氏の分析方向とは反対的に、在満日本人を取り巻く外部状況、満洲という地域条件に規定された側面から在満日本人の特徴を浮かび上がらせた。したがって、在満日本人内部の階層状況が生じさせていた、社会運動への対応の差異などについては分析の枠外にある。風土も、習慣も、言語も、法制度も、経済制度も日本とは異なる満洲という場所で、日本人が実行できた事柄は何なのかについて明らかにすることが本書の主要な目的である。第二に、在満日本人が日々暮らしていた社会生活の様相を復元し、彼らの生活と日本が持つ関東州の租借《そしやく》権《けん》や満鉄の経営権といった満洲権益との間には、どのような関係があったのかについて明らかにした。第三に、在満日本人が満洲社会に持ち込んだ制度、慣習、価値観は、満洲社会にいかなる「刺激」、影響を及ぼしたのかについて考察を試みた。

本書は、満洲という地域が在満日本人に与えた影響と、在満日本人が満洲という地域に与えた影響を、統合的に理解する試みでもある。こうした観点から分析するのは、第二次大戦前に日本が満洲で推《お》し進めた帝国主義政策の検討は不必要だとか、在満日本人は帝国主義とは無関係だとかを主張したいわけではない。帝国主義史研究が意識する「支配と抵抗」や「搾取《さくしゅ》と開発」といった二元論的な分析や、事実を図式にあてはめるかのような論法からは、在満日本人の姿を描かないだけである。「帝国主義を視野に入れない満洲史研究など無意味だ」といった見解で筆者を批判するのはかまわない。しかしながら、こうした批判は筆者に言わせれば、「料理は日本料理だけであり、他の料理は意味がない」と言っているに等しい。自分の観点だけが唯一、絶対であり、他の観点は認めないといった論法にはとても賛意を示すことはできない。

本書では、本質主義的な理解に性急な観点からではなく、在満日本人の日常風景を復元し、彼らの満洲での暮らしぶりの息吹が感じられるような叙述をしてみたい。そして、「在満日本人の姿については理解できたが、満洲という場所の姿がわからない」という内容にならないよう、在満日本人が活動した満洲という舞台の状況について留意した。

台湾や朝鮮に移住した日本人と同様に、満洲へ渡った日本人はいわば支配民族として君臨《くんりん》したのであるから、現代においては批判されるべき点は多い。とはいえ、本書の目的は現代の常識や良識から在満日本人の問題点を糾弾《きゅうだん》したり、限界をあげつらったりすることではない。これまでの研究にはない本書の最大の特徴は、日本人の満洲への移住史という方向や、日本政府の政策に在満日本人がどう反応したのかなどの、日本の動向を機軸に在満日本人の姿を描くのではなく、満洲という舞台で在満日本人は何ができたのか、いかなる行動を強《し》いられていたのかという、満洲の動向を機軸に在満日本人の姿を描いた点である。より直截《ちょくせつ》に言うならば、在満日本人は本国日本の動向に規定されたという「日本を中心とした天動説的な世界観(5)」からの脱却を目指し、「満洲史のなかの日本人」という観点から在満日本人の考察を行った。こうした試みがどれだけ成功しているかは読者の判断にゆだねたい。

一　満洲への日本人の流入

明治維新（一八六八年）以降、まず日本人が目指した外国はハワイやアメリカであった。移住の動機は、日本よりも高い賃金を得ることにあった。日本国内よりも高い収入が得られる場所として、満洲はまったくその条件を満たしていなかった。一九世紀中頃の満洲は荒野が広がる人煙《じんえん》まれな辺境《へんきょう》の地であり、日本人ができる仕事は存在しなかった。

最初に満洲を訪れた日本人は、いつ、誰なのか確定することはできない。小峰和夫氏は国立公文書館所蔵の『牛荘行見聞録』という資料を発掘し、一八七二年に営口（牛荘）を訪れた日本人について紹介している(1)。

多くの日本人が満洲と関わった最初の契機は日清戦争（一八九四～九五年）であった。このとき日本軍は満洲で軍事行動を展開し、清軍と戦闘を交えた。日清戦争に従軍した日本人は満洲がどのような場所か、自らの目で見たと思われる。だが、日本兵の目的は移住ではなかったので戦争の終結とともに日本へ引き上げた。日清戦争当時の満洲は依然として人口希薄な未開の地であり、日本人が移住しても日本で働く以上の賃金を得ることはできなかった。

こうした事情はロシアが満洲経営を始めたことから一変した。極東への勢力拡大を目指すロシアは、一八九六年に満洲内を通る東支鉄道（東清鉄道、中東鉄道、北満鉄道とも呼ばれた）の敷設《ふせつ》権を、九八年には遼東半島にある旅順、大連を租借《そしゃく》地とした。九八年に東支鉄道の建設が始まった頃の満洲北部は住民もまばらな、荒涼《こうりょう》とした場所であった。ところが、鉄道工事をきっかけに建設景気がわき起こり、建設労働者や労働者の衣食を目当てにした商人がやって来た。そのなかに日本人の姿もあった。例えば、阿川甲一は九三年にロシア語の習得と商業調査を目的にウラジオストクへやって来た。その後、東支鉄道の工事を請け負う建設業に目をつけ、満洲に移ってきた(2)。軍事密偵としてロシア軍の動静を観察していた石光真清《いしみつまきよ》は、東支鉄道の建設現場で汗を流す日本人労働者に会っていた(3)。

建設業関係以外の日本人も東支鉄道沿線に集まってきた。一九〇二年八月の営口領事の報告には、東支鉄道の工事が始まるまで「満洲内地ニ本邦人ノ在留スヘキ術《すべ》」はなかったが、工事開始とともにシベリアにいた「本邦婦女」がやって来て、次いでこれらの婦人に日用品を売る日本人雑貨商が来たとある(4)。「本邦婦女」とは日本人売春婦をさしている(5)。日本人売春婦は一九世紀末にはシベリア各地に流入しており、その一部が東支鉄道の建設にともない満洲北部へ向かったのである(6)。

東支鉄道の建設が始まった後、ハルビンを中心に日本人の売春婦や雑貨商が活動を始めた。ハルビンは東支鉄道の建設以前では寒村であったが、以後満洲北部の中心都市に成長した。日露戦争以前にハルビンへやってきた日本人商人の多くは、直接日本から来たのではなく、ウラジオストクやシベリアを経由して来た人が多かった。鈴木定次郎は一八九三年に商業実習の名目でウラジオストクに渡り、一九〇一年にハルビンにやって来た。ハルビンでは貿易業を中心に活動し、ハルビン日本人会の初代会長にも就任した(7)。高木与蔵は一八九九年にハバロフスクへ渡り、〇一年にハルビンで雑貨や食料品の販売を始めた(8)。

ハルビンに住む日本人を悩ましたのは居住権が不安定なことであった。ハルビンは日中両国間の条約が認めた開港場ではなかったので、中国側から見るならば日本人は合法的な居住権を持たなかった。このため、ロシアが管轄《かんかつ》する東支鉄道付属地にロシア側の許可をもらい居住していた。日本人はロシア側の許可のもとに仮住まいしている状態であり、不安におびえながら暮らしていた。何をするにもロシア人の顔色をうかがう必要があったので、ハルビンに住む日本人はロシア人を相手にする術《すべ》を身に付けていなければ活動は難しかった。

ロシアが旅順、大連の建設工事を始めた後、日本人の建設労働者、雑貨商、売春婦は旅順と大連にもやって来た。例えば、川上賢三は一八八四年にウラジオストクに渡り、ロシアが旅順の軍港建設を始めたことに目をつけ、旅順に移り建設請負業を始めた。山下五郎も、ウスリー鉄道の建設請負をしていたが、これをやめて旅順に移り、東支鉄道の指定商人になった(9)。川上賢三や山下五郎に代表されるように、旅順に流入した日本人はまずウラジオストクやシベリアに渡り、ロシア語を習得するとともにロシア人との交際術を学んだ人が多かった。建設業者や商人以外に売春婦も多かった。一九〇二年一〇月に旅順を訪れた中国史研究者の内藤湖南《こなん》は、「旅順に於ける日本人は五百乃至《ないし》六百の間に在り、勿論その半数は例の醜業団《しゅうぎょうだん》（注―売春婦）なり」と記している(10)。旅順の日本人女性は〇三年では三一九名であったが、その内売春婦は一一二名を数え、女性全体の三五％を占めていた(11)。

一九世紀では満洲唯一の貿易港であった営口にやって来る日本人もいた。営口は一八六一年に開港場となり、条約上では「牛荘」と称された。営口の日本人の数は少なく、九三年八月の芝罘領事代理書記生の報告には日本人は七名に過ぎず、いずれも売春婦だとある(12)。貿易業者では三井物産上海支店に勤務した若き日の山本条太郎（後に満鉄社長に就任）が、九一年に営口を訪れ「満洲一番乗り」を名乗ったという(13)。日清戦争後に営口と日本の貿易は拡大し、とくに大豆や豆粕（大豆から油をしぼり取った残りの粕。肥料や飼料に使われた）の日本への輸出が増えた(14)。すると、営口で活動する日本人商人も増えた。例えば、大豆取引に従事した広瀬庸三は、九六年に営口にやってきて福富洋行（大豆豆粕の輸出、雑貨販売）に勤務し、その後独立した(15)。松倉善家は九九年に農商務省の嘱託《しょくたく》として営口に派遣され、商品陳列館の運営を任された。その後日本製雑貨を輸入する貿易商を営んだ(16)。

対日貿易を営む日本人商人があらわれたとはいえ、中国人商人との厳しい競争が存在し、そう簡単に商圏を広げることはできなかった。中国人商人には日本人商人を凌《しの》ぐ資本を持つ商人もおり、「神戸、上海ノ全国商ト連絡ヲ通ジ取引頗《スコブ》ル敏捷《ビンショウ》」であった。さらに、営口での取引は「信用ノ二字」で行われたので、信用を持つ中国人商人に対し「事情ニ疎《ウト》キ外人」の日本人商人が対抗することは難しかった[17]。営口の日本人商人は中国人商人との良好な関係なしに取引はできなかったので、中国人とうまくつきあう能力が求められた。

奉天や遼陽などの内陸部で活動する日本人も、少ないながら存在した。日本人が初めて奉天に居住したのは一九〇一年であったらしく、〇二年一月の調査報告には写真業、ラムネ製造業、理髪業、洗濯業など「主トシテ露人ヲ相手ニ営業」する日本人が三六名居住したとある[18]。日露戦争前に奉天で活動した日本人として望月実太郎があげられる。望月は東支鉄道の請負工事で元手をつくり、一八九八年五月にハルビン経由で奉天に来てラムネの製造販売を始めた[19]。写真店を営む永清文次郎は、一九〇〇年にロシアの旅順要塞司令部の写真師として渡満した。翌〇一年に奉天へ移り、駐屯ロシア軍を相手にする写真業を営んだ[20]。望月は北回りのハルビン経由で、永清は南回りの旅順経由で奉天にやってきたのである。

以上の考察から、日露戦争以前に渡満した日本人は、三つの経路を通り満洲にやってきたとまとめられよう。第一にはウラジオストク、シベリアから入る経路、第二には遼東半島の旅順・大連から入る経路、第三には日露戦争以前では唯一の貿易港であった営口から入る経路である。一九〇三年六月の時点で在満日本人の総数は約二五〇〇名に過ぎず、居住者が多かったのは旅順（七七五名）やハルビン（六八一名）であった（図1）。これらの在満日本人は〇四年二月に日露戦争が始まった後、身の安全を確保するため、そのほとんどは満洲から引き上げた。

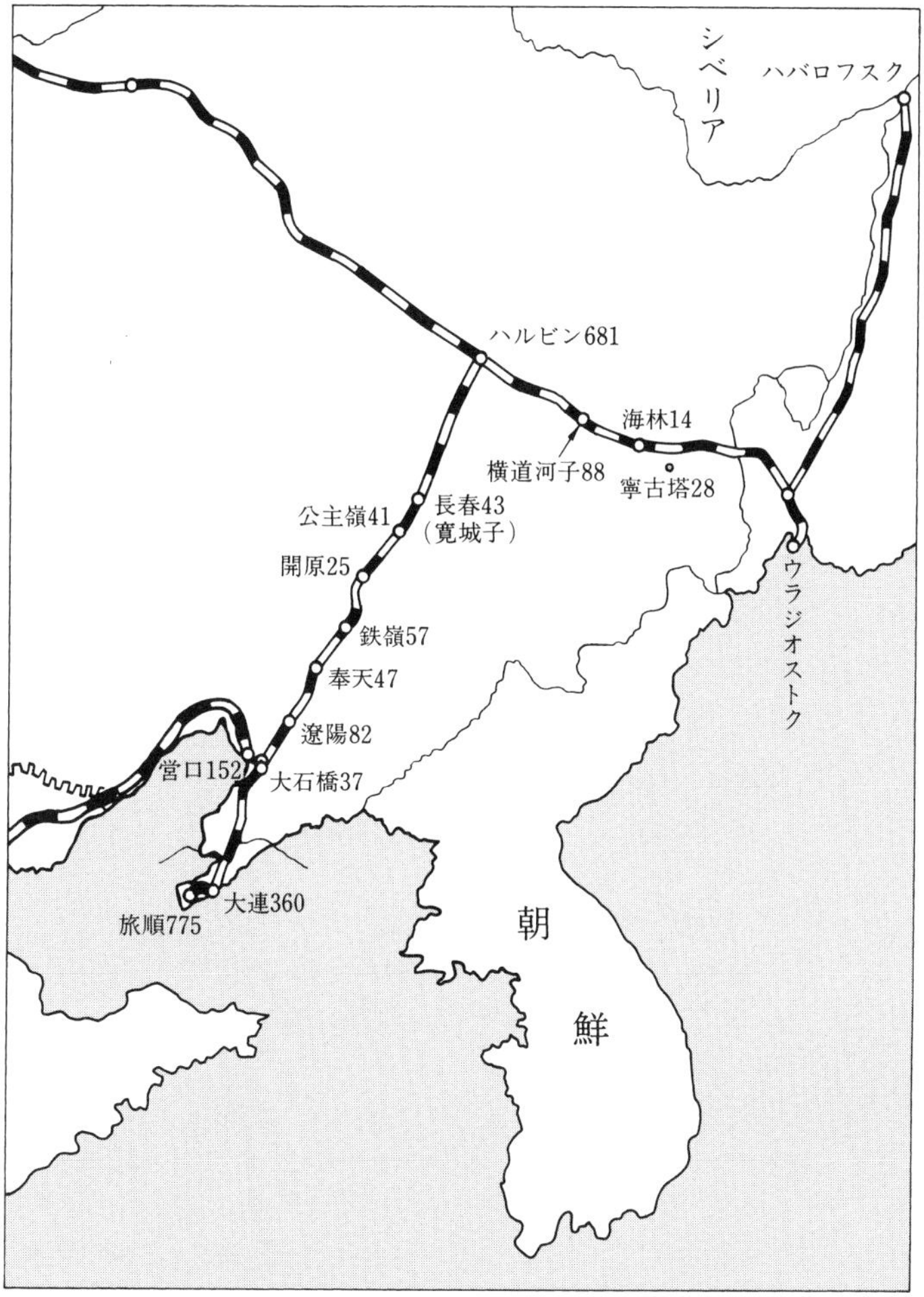

図1　日露戦争前の在満日本人（総計2525名）—1903年6月—

出典　「清国在留本邦人職業別表」『通商彙纂』改46号，1903年より作成．10名以下は略した．

日露戦争前の在満日本人の状況をまとめるならば、満洲は人口希薄な未開地であったため日本人が従事できる職業は少なかったが、ロシアが行った東支鉄道や旅順・大連の建設を契機に建設業者や労働者が登場した。次いで、建設業者や労働者を顧客にする商人や売春婦がやって来た。また営口ではわずかながら貿易商が活動していた。在満日本人の職業は労働者、商人、売春婦に大別でき、会社勤めをするサラリーマンや役場に勤める公務員などはいなかった。さらには、家族をともない定着しようとした人もほとんどいなかった。

日露戦争前の在満日本人は、不安定な居住権や日本とは異なる状況に対応するため、中国人やロシア人と関係を持つ必要があった。しかしながら、日露戦争後にやって来た日本人は違っていた。日露戦争後に渡満して来た日本人は、当初は日本軍を、日本軍が撤退した後は在満日本人を相手に生活する人が多数を占めた。在満日本人だけを相手にしても、満洲で暮らしていける状況が日露戦争を契機に誕生したのであった。

二　日露戦争による在満日本人の変化

1　日露戦争と在満日本人

一九〇四年二月の日露開戦後、満洲はロシア軍と日本軍が交戦する戦場となった。砲弾の飛び交う満洲に、軍人以外の日本人が立ち入ることは禁止されていた。だが、戦局の推移にともない、民間人の渡航が漸次《ぜんじ》解禁された。最初に民間人の渡航が許可されたのは営口と安東であった（〇四年八月解禁）。渡航解禁後、以前の満洲にはいなかったタイプの日本人が押し寄せてきた。営口領事は八月二四日付の報告で「ただ何かの職業を得」ようと考える日本人が「平均一日十人より二十人」やって来て、占領地で手早くできる「軍人の需要に応じる雑貨食料品」の販売を始めたと述べている(1)。荒稼ぎしていたのは料理店と売春婦であった。戦場と距離はあるものの緊張した日々をすごす日本兵のなかには、はでな飲み食いや遊びをする人が多かった。料理店の女中は一日の仕事が終われば、帯の中は軍票《ぐんぴょう》で一杯になったという(2)。日本兵相手の商売を行い、「一旗」あげようとする日本人が満洲にやってきたのである。

その後、一九〇五年一月には大連が、同年七月には遼陽以南への渡航が解禁となった。解禁直後の遼陽の状況は、「営口から陸行して来たという日に焼けた男や女、安東から一週間もテクつたという荒武者」が集まり、日本兵相手の雑貨販売や飲食店を始めた。「一番早く開業した料理屋は城外の遼陽館で、四、五人の女を置いたところ、一年も一年半も日本の女を見たことのない軍人や軍属が、朝から押しかけ非常に賑わ」い、「饅頭《まんじゆう》屋、うどん屋でも一日現金七、八十円から百円の売上げ」があったという(3)。日本人売春婦は激戦を戦い、すさんでいた日本軍将兵の心情をいやしたのであろう。また明日の命もわからない日本兵は、たとえ不当に高価な商品でも欲しいものは購入したと思われる。

一九〇五年九月に日露戦争が終結すると、一一月には奉天が民間人に開放された。日露戦争前には五〇人もいなかった奉天の日本人は、翌〇六年三月には約一五〇〇名に増えた。その職業は日本兵相手の料理屋、遊戯場、雑貨商が多く、とくに「酌婦《しやくふ》」は三〇三名、「芸妓《げいぎ》」は六八名を数え、両者を合わせると在住日本人女性の過半数を超えていた(4)。日露戦争後に奉天へやってきた日本人について、萩原奉天総領事は「日常ノ商売ニ於《オイ》テモ戦勝ノ余威《ヨイ》ヲカリテ、大切ナル顧客《コキヤク》タル清国人ニ侮辱《ブジヨク》ヲ加フルガ権利」を持つと勘違いしている日本人が多いと述べており、戦勝国民を鼻にかけ、中国人に対して横暴に振る舞う日本人の姿が浮かんでくる(5)。

日本軍が展開した最前線であった昌図より南では、日本兵相手の雑貨商、料理店、売春婦といった商業・サービス業を営む日本人が流入した。これらの日本人は中国人を顧客にした商売はほとんど考えていなく、戦場ですさんだ日々をおくる日本兵につけ込み、一儲けする人たちが大半であった。日露戦争後に満洲にやって来た日本人は、戦場に送り込まれた日本兵の不安や欲求を満たす仕事をする人がほとんどであったと指摘できる。

ポーツマス条約により日本政府は大連〜長春間の鉄道を譲り受けることになり、一九〇六年五月に四平街から公主嶺までが、八月には公主嶺より長春の手前にある孟家屯までがロシア軍より受け渡された(6)。これにともない昌図より北へも日本人は流入したが、昌図以北には日本軍は展開しなかったので日本兵相手の商売で一儲けできる状況は存在しなかった。それゆえ、流入してきた日本人は多くはなかった。

昌図以北で景気が良かった日本人は、貨物をあつかう運送業者たちであった。鉄道の運行が始まると大連に運ばれる大豆が増え、大豆を貨車に積み込む運送業者が活動を始めた。公主嶺では一九〇七年末までに二五軒の運送業者が開業し、それに続いてこれらの日本人を相手にする料理店が開業した(7)。もっとも、〇九年一〇月から満鉄は貨車への積み込みを直営化したので、以後、運送業者の多くは満洲から姿を消した。

日本が譲り受けた鉄道の北端であった長春へやってきた日本人について、奉天総領事館長春分館の柴田要治郎は、今いる日本人は「醜業婦」と「三、四ノ真面目ナル商人ヲ除キテハ、清人ヲ瞞着《マンチヤク》シテ一時ノ利ヲ貪《ムサボ》ラントスル」人たちで、中国人は良い印象を持っていないと報告している。この報告には職業別の人口統計もついており、長春開放直後の日本人の職業状況を知ることができる。これによると、在住日本人三一四名のうち一三六名が「酌婦」となっている。「酌婦」が仕事をする料理店、旅館に関係した日本人は六六名であり、「酌婦」と合わせると二〇二名となり全体の六四％に達する(8)。

日本軍が展開しなかった昌図～長春間に流入してきた日本人は、運送業者や売春婦、そしてこれらの日本人に群《むら》がる雑貨商や飲食業者であった。その後、満洲経営に関わる役人や満鉄関係者がやってきて日本人は増えるが、商業・サービス業関係者が多いという特徴は昌図以南と変わらなかった。

長春以北の東支鉄道沿線が日本人に開放されたのは、ポーツマス条約から一年あまりたった一九〇六年一〇月であった。ウラジオストクで待機していた日本人はその開放を聞き、勇躍してハルビンに向かった(9)。〇七年三月にはハルビン総領事館が開設され、日本人の保護、管轄にあたった。もっとも在住日本人の数は少なく、〇七年では約六〇〇人に過ぎなかった(10)。ハルビン総領事の川上俊彦が〇九年に外務大臣に出した報告には、まだロシア軍兵士の姿が目立ち、戦時的雰囲気が残っており、日本人とロシア人の間には感情的なわだかまりが存在すると述べられている(11)。

日露戦争を契機に満洲へは日本国内の企業もやって来た。貿易業者の代表は三井物産であろう。日露戦争の勃発以降、三井物産はその機構を総動員して満洲で食料や軍事物資の調達を行い、日本軍の進撃をサポートした。一九〇五年から〇九年にかけて奉天、安東、鉄嶺、大連、長春、吉林、ハルビンに支店・出張所を設け、満洲市場にその営業網を作り上げた。三井物産が目をつけたのは、満洲産大豆の輸出と日本製綿糸布の輸入であった。大豆輸出、綿製品輸入のどちらにおいても三井物産は大きなシェアを獲得し、満洲市場は三井物産にとって重要な場所となった。また、満鉄が使う建設資材、レール、枕木《まくらぎ》、機関車、車両などの供給も三井物産は独占的に引き受けた(12)。三井物産は日本軍や満鉄と関係の深い商売を行い、満洲市場に深くコミットすることに成功したのである。

横浜正金銀行も日露戦争をきっかけとして満洲に支店を展開した。日本軍は占領地で軍票を発行して物資の調達をしたが、その軍票を管理する金融機関として横浜正金《しょうきん》銀行が活動した。一九〇四〜〇七年にかけて大連、安東、遼陽、奉天、鉄嶺、長春に支店が設けられた。戦後は貿易金融の分野で活躍し、大豆輸出や綿製品輸入を金融面でバックアップした(13)。

以上をまとめると、日露戦争の勃発後、満洲は戦場となったことから多数の日本兵がやって来た。同時に、日本兵を顧客にする雑貨商、料理店、売春婦が満洲へやって来た。日本軍が占領した昌図以南では日本兵相手の商売で一儲けする日本人商人が多かったが、戦争景気は日本軍が撤退するまでの一時的なものにすぎなかった。日本人のみを顧客にした日本人商人の限界は日露戦争後すぐにも指摘され、「日本人同士の共食いなら、わざわざ満洲まで来るに及ばない」という批判が出されていた(14)。

個人商以外では、三井物産や横浜正金銀行などの日本本国に本店がある企業・商店の支店で働く人、付属地建設に従事する建設業者や貨物を輸送する運輸業者も活動を始めた。そして、次節で述べる領事館、関東都督府、満鉄が活動を始めたことから、これらの機関に勤務する日本人が渡満してきた。日露戦争後に満洲にやって来た日本人は一見多種多様に見えるが、商業関係者と満洲権益を運営する人（関東都督府官吏《ととくふかんり》、満鉄社員）がほとんどを占め、さらに大半は在住日本人を相手に暮らす人たちであった。

2　満洲統治機構の形成

日露戦争中、日本軍は軍政署を設置して占領地を管理したが、戦争終結後は軍政署の代わりに外務省が管轄する領事館が満洲各地に設立された。遼陽、奉天、新民府、鉄嶺、昌図の軍政署は、〇六年七月から一〇月にかけて撤廃され、その後の業務は奉天総領事館（〇六年六月開館）に引き継がれた。また安東県軍政署は〇六年八月に撤廃され、安東領事館（〇六年五月開館）に引き継がれた(15)。日本の領事館は日露戦争前では営口だけであったが、〇六年に安東と奉天にも設けられたのである。また、〇五年一二月に清朝との間に「日清満洲に関する条約」が締結され、新たに一六都市が対外開放されたことを受け、主要な新開放地にも領事館が設立された(16)。〇七年二月にハルビン総領事館、吉林領事館が設けられ、以後長春、鉄嶺、遼陽、チチハルにも領事館は設立された。

一方、租借地の関東州には領事館とは異なった統治機関が設けられた。ポーツマス条約により関東州の租借権をロシアから譲り受けたことから、一九〇六年八月に関東都督府が置かれた。関東都督府は陸軍の影響力が強く、トップの関東都督には大島義昌、福島安正などの陸軍軍人が就任した。関東都督府には民政部と陸軍部が置かれ、民政部は行政事務を担当し、陸軍部は駐箚師団、独立守備隊、旅順重砲隊、関東憲兵隊を監督した。

初期の関東都督府に勤務した人は、前身機関である関東州民政署（一九〇五年六月設立）から移動した人が多かった。例えば、財務課長を長くつとめた蠟山長治郎は一九〇〇年に東京帝大法科を卒業し、税関事務官となり神戸や横浜の税関に勤務した。〇六年七月に関東州民政署財務部長となり、関東都督府設置後には財務課長となった。以後、関東庁に改組される一八年まで、蠟山は財務課長をつとめた(17)。

前身機関の人員だけでは足りず、日露戦争の従軍者も登用された。例えば、東京郵便電信学校を卒業した相田鍵太郎は日露戦争に電信隊として従軍した。郵便、電信の知識があるということで関東都督府の通信書記になった(18)。日本からやって来た人もいた。代表的な人物として松岡洋右《ようすけ》をあげたい。関東都督府が発足した翌月（一九〇六年九月）、外務省に勤務していた松岡は外事課長として赴任した。役職は課長であったが、年齢はまだ二七歳という若さであった。松岡が関東都督府に勤めた期間は一年足らずであったが、「実に愉快な時代」であったと回想している(19)。

台湾総督府から移って来た人も目につく。川崎流三は一八九九年に台湾総督府土木局に入り、台湾で土木建築に関する経理事務をしていた。一九〇六年に関東都督府土木課に移り渡満した。以後、大連、旅順の市街建設に関わる経理事務を担当した(20)。〇八年に庶務課長となった大内丑之助も台湾総督府から関東都督府に移った人物であった。大内は一四年には大連の行政を統括する大連民政署長に就任している(21)。

領事館、関東都督府に続いて南満洲鉄道株式会社（略称満鉄）が設立されるにおよんで、日本の満洲統治機関はさらに複雑化した。一九〇六年八月に外務、大蔵、逓信《ていしん》大臣が満鉄設立委員長に出した「命令書」の第五条には、満鉄は鉄道付属地の土木、教育、衛生等に関して必要な施策をとるという条項が存在した(22)。これにより満鉄付属地の行政に、満鉄がたずさわることになった。

軍政が撤廃され、新たな統治機構がつくられる過程で、関東都督府、領事館、満鉄という三者が統治機関として発足した。統治機関を一本化できなかった理由は日本政府の混乱というよりは、占領地行政を受け継いで発足した機関（領事館、関東都督府）とロシアから継承した機関（関東都督府、満鉄）という、系統の異なる機関が並存した状況にもとめられよう。

満洲において日本人の居住が合法的に認められた場所は、①関東都督府の管轄する関東州、②満鉄が管轄する満鉄付属地、③領事館が管轄する開放地であった。これら以外の場所は外国人である日本人が暮らすのは非合法な未開放地であり、日本人が未開放地に居住するならば、いつ中国側から退去命令が出されても文句は言えなかった。日露戦争により満洲権益を得たとはいえ、満洲のどこにでも自由に日本人が住めるようになったわけではなかった点を強調したい。

日本による満洲経営には関東都督府、領事館、満鉄という三機関がかかわったため、相互の権限をめぐり対立も生じていた。例えば、付属地行政に関しては満鉄が管轄したが、住民の安全、保護に関わる警察業務については関東都督府が担当した。鉄道会社である満鉄に警察業務は無理なので、関東都督府がその役割を補っていたのである。初代関東都督大島義昌は関東州や満鉄付属地において中国人が犯罪を行った場合、関東都督官制第五条に「都督は特別の委任に依《よ》り清国官憲との交渉事務を掌《しよう》理《り》す」とあることを根拠に、領事館や外務省に通告せず、直接中国側と交渉できる権限を持つと主張した。つまり犯罪事件については、関東都督が外交的交渉を行えると考えたのである。これに対して外務省は反対を主張し、関東都督府が独自に中国側官憲と交渉できないよう、外務大臣の監督下に関東都督を置く機構改革を考えていた。

関東都督府の権限拡大要求と、それに対する外務省の抵抗が続くなか、一九一八年九月に成立した原敬《たかし》内閣は、外務省と協力して関東都督府の権限縮小をはかった。その結果、一九年四月に関東庁官制が公布され、トップの関東庁長官には文官が就任することになった。関東庁長官には外務官僚であった林権助や伊集院彦吉、朝鮮総督府に勤務した山県伊三郎や児玉秀雄といった人物が就任し、陸軍の影響力は低下した。関東庁長官が文官になったことから、長官が陸軍部を指揮することはできなくなった。そのため陸軍部は廃止され、関東軍が発足した(23)。関東庁は純然たる民政機関となったため陸軍の影響力は低下したが、新たに発足した関東軍は陸軍の影響力から脱することはなく、一九二〇年代後半から独自の行動を始め、三一年に満洲事変を引き起こした。

領事館、関東都督府、満鉄のなかで、最も人員が多かった機関は満鉄であった。満鉄の日本人社員数は、一九一〇年代では一～二万人であった（詳細は後述）。満鉄に比べれば関東都督府の職員は少なく、発足時の〇六年では一六八四名に過ぎなかった。その後職員数は増えたとはいえ、一六年は三四二一名、二六年では六三三一名にとどまった(24)。領事館職員の総数は不明だが、数百人に過ぎなかったと考えられる。

これら三機関を統一的に管轄する機関はなかったため、「三頭政治」などと呼ばれ、その混乱ぶりが揶揄《やゆ》されていた。領事館の命令は満鉄付属地では適用されず、関東都督府の命令は領事館管轄下の日本人には無関係であったことから、次のような事件が起こっていた。関東都督府は関東州と満鉄付属地において薬種取締規則を発布したので、奉天の付属地で販売する薬には関東都督府の封印が必要となった。ところが、付属地外の領事館管轄地では関東都督府の封印がなくてもかまわないので、満鉄付属地では販売できない薬が売られていた(25)。

奉天を訪れたジャーナリストの中野正剛《せいごう》は奉天での三頭政治の様相について、満鉄公所は豊富な資金を使い、関東都督府は満洲事情に詳しい軍人を配属して、さまざまな情報収集をしているが、領事館の力量は低く、「嘲笑《ちょうしょう》の標的」だと述べている。そして、その責任は奉天総領事館にあるのではなく、「慎重なる審議中とのみありて、何等《なんら》の断案を下さ」ない外務省の対応にあるとしている。[26] また、原敬は満洲の状況を揶揄して、「領事等の如きは外交を知って商売を知らず、南満鉄道は商売を知って外交を知らず、都督府に至っては商売も外交も知ら」ないと、一九一一年六月の日記に書いている。[27]

日本の満洲統治機構は分散しており、集権的な運営が難しい機構となっていた。そのため、外務省の命令が出される一方で、陸軍や関東都督府が別の命令を出し、さらに満鉄は独自の判断で行動する、という現象が起こりやすい機構的特徴を持っていたと指摘できよう。こうした機構的特徴が、日本政府の行う満洲政策の一貫性を低めていたのである。

3　満鉄社員の渡満

ポーツマス条約により東支鉄道の一部であった大連〜長春間の鉄道を獲得した日本は、その運営を行うため一九〇六年一一月に満鉄を設立した。鉄道の運行は翌〇七年四月から始まったが、開業当初は戦時気分からなかなか脱せなかった。その理由は、日露戦争時に設立された、野戦鉄道提理部の人員を母体に発足したからであった。

日露戦争勃発後の一九〇四年五月に日本軍は野戦鉄道提理部という特別の部隊を編成し、東支鉄道を使って軍事輸送を行うことにした。野戦鉄道提理部の大半は日本各地の鉄道会社の社員であり、とにかく鉄道関係者がかき集められ満洲におくられた。ある社員は日本を出発したときの野戦鉄道提理部の人員は、「鉄道作業局、九州鉄道、北海道鉄道、関西鉄道を始めとし、社名も未《いま》だよく世間に知られてない様な、ちつぽけな私設会社よりの派遣員」で占められ、車掌も運転手も混じった「ゴチヤゴチヤの集合体」であったと回想している(28)。

野戦鉄道提理部で活動した人は、戦火のなかで鉄道を運行したことから、気の荒い人が多かった。名古屋保線事務所に勤務していた三宅善平は野戦鉄道提理部の募集に応じて渡満したが、渡満後なにより驚いたのは、野戦鉄道提理部の人は朝から顔も洗わずに茶碗酒を飲んだり、「捨鉢《すてばち》な気持で満洲へ渡つて来た」人が多く、「乱暴なことはお話になら」なかったと回想している(29)。満鉄は問題のある社員を整理するため、一九〇八年に一〇〇〇人以上を解職する大整理を行い、平時の鉄道運行に必要のない人材は淘汰《とうた》した(30)。

初代総裁の後藤新平（在任一九〇七年一一月～〇八年七月）は自ら重役の人選を行い、中村是公を副総裁に、国沢新兵衛ら七名を理事に選んだ。後藤総裁を支え創業期の経営に奮闘したこれらの重役たちは、いわば後藤グループとも見なされる人々であった。もっとも後藤は総裁就任後一年もたたずに、第二次桂太郎内閣に入閣したため総裁を辞任した。とはいえ、後任総裁には副総裁の中村是公（在任一九〇八年一二月～一三年一二月）が就任し、理事の国沢新兵衛が副総裁へ昇進した。他の理事も留任しており、後藤の総裁辞任後も後藤グループによる経営は続いていた。

創業期の重役と社員の関係について築島信司（一九一一年入社）は、重役には若い人が多く、社員との関係は密接だったと述べている。また全体の雰囲気として「自由の気風」にあふれており、「現場の一社員でもほんとうに会社の大事業に参画《さんかく》して」いる気持ちになれたとも述べている(31)。実際創業期の重役の年齢は若かった。理事の犬塚信太郎は三三歳、田中清次郎は三五歳であり、理事の半数以上は三〇代であった。新しい会社であったことに社員の若さが加わり、社内の風通しはよく、自由潑剌《はつらつ》な空気に包まれていた(32)。

満鉄は社員の採用にあたり、当時の学歴では頂点に立つ帝国大学卒業生に目をつけていた。満鉄による帝大卒生の採用については、これまで伊藤武雄『満鉄に生きて』の記述をもとに語られることが多かった。伊藤は次のように記している(33)。

　満鉄で大学卒、主として東大、京大の卒業生を職員に正式採用するようになったのは、大正八年になってはじまったことです。東京大学の教授だった松本烝治が理事になってからはじめられました。それまでは個人的関係ではいってくる人はいたかもしれないですが、公募でははいっていません。

この記述は、満鉄が公募で東大、京大の卒業生を採用したのは一九一九年以降のことだとしている。伊藤が何を根拠に述べたかは不明だが、『人名録』から〇九年までに入社した東大、京大卒業生を抽出すると結構な人数になる。表1、表2は網羅的なものではないが、〇七〜〇九年までに満鉄が採用した東大卒者、京大卒者の名簿である。これによると東大卒は三六名、京大卒は二〇名の合計五六名が確認できる。法科などの文系卒よりも、工科などの理系卒のほうが多く採用されている傾向が読み取れる。例えば、根橋禎二は〇五年に東京帝大工科を卒業して鉄道院に入ったが、鉄道院に勤めることはわずかにして〇七年に入社した。入社後は保線技術畑を歩み、二二年に運輸部線路課長になっている。ちなみに、根橋は満洲国期には満洲重工業開発会社（略称満業）の理事に就任している。[34]

伊藤は一九一九年以前に公募で入社した帝大卒生はいなかったとしているが、この記述もあやしい。満鉄の最後の総裁となった山崎元幹は、一六年に東京帝大法科を卒業し同年に入社した。山崎は大学の掲示板で満鉄の求人広告を見つけ、入社試験を受けたと回顧している。[35]つまり一六年に公募は行われていたのである。伊藤は「私の満鉄生活というものは鉄道業務をしらずにすごした生活でした。というのは一貫して調査部門でくらしてきたからです」と語っているように、調査部門以外の経験はなかった。[36]このことを考慮するならば、伊藤は調査部門での帝大卒生の採用について述べているとも考えられる。

帝大卒生は入社後一〇年前後で課長に昇進し、会社運営の中枢を担った。表1、表2のなかで課長昇進が早いのは、加藤与之助（東大卒）と貝瀬謹吾（京大卒）である。それぞれ一九一四年に総務部土木課長、運輸部運転課長になっている。入社八年目、三六歳にして課長になった貝瀬の昇進はかなり異例であった。貝瀬は三一年に退社し、満洲国期は実業界で活躍した。[37]

表1　満鉄社員中の東京帝国大学出身者—1907～09年—

入社年度	氏　名	学　科	生年	卒業年度	職　歴
1907	加藤与之助	工　科	1867	1884	1914年総務部土木課長
〃	堀三之助	〃	1868	1892	1908年工務課長
〃	村井啓太郎	法　科	1875	1898	1914年地方部地方課長
〃	木戸忠太郎	地質科	1872	〃	地質研究所長
〃	小野木孝治	工　科	1874	1899	1923年退社
〃	谷　直諒	〃	1875	〃	技術局保線課長
〃	朝倉伝次郎	法　科	1872	〃	鉱業部販売課長
〃	中村謙介	土木科	1875	1900	1925年臨時経済調査委員
〃	服部直樹	機械科	〃	〃	満鉄工場木工科長
〃	佐々木雄次郎	法　科	1880	1901	1923年満鉄工場庶務課長
〃	武村　清	機械科	1878	1902	1919年技術部機械課長
〃	根橋禎二	土木科	1883	1905	1913年運輸部線路課長
〃	大西　清	工　科	1877	〃	公主嶺保線係主任
〃	横井謙介	〃	1878	〃	1920年退社，横井建築事務所創設
〃	厳崎彌五郎	法　科	1875	1906	1915年吉林貿易公司
〃	田辺敏行	政治科	1878	〃	1919年社長室人事課長
〃	船田要之助	機械科	1880	〃	1927年沙河口工場長
〃	青木菊治郎	建築科	〃	〃	1925年地方部建築課長
〃	大沢次三郎	工　科	1881	〃	満鉄工場設計課長
〃	山下興家	〃	〃	〃	満鉄工場職員
〃	阿部熊一	〃	〃	〃	運輸部運転課職員
〃	村田愨麿	法　科	〃	1907	1920年運輸部庶務課長
〃	佐藤応次郎	土木科	〃	〃	1923年撫順炭鉱土木課長
〃	石塚受禄	〃	1878	〃	ガス作業所員
1908	河西健次	医　科	1868	1893	大連医院長兼地方部衛生課長
〃	川村鉚次郎	法　科	1869	1894	調査課長
〃	喜田村朔治	医　科	1876	1901	大連医院医長
〃	鈴木庸生	化学科	1878	1903	ガス作業所長
〃	市田菊次郎	土木科	1880	1906	技術局建築課員
〃	牛島　蒸	工　科	1882	1908	1922年鉄道部線路課長
〃	鈴木二郎	〃	1884	〃	1923年鉄道部運輸課長
〃	増長茂重郎	冶金科	1883	〃	1927年社長室審査役
1909	佐藤俊久	工　科	1878	1906	1927年鉄道部工務課長
〃	富次素平	〃	1880	〃	1918年ガス作業所長
〃	出原　佃	〃	1884	1909	1928年営口水電取締役
〃	佐藤恕一	〃	1883	〃	1923年鉄道部機械課長

出典　『満洲興信録』満洲通信社，1915年，『人物12』より作成．

表2　満鉄社員中の京都帝国大学出身者―1907～09年―

入社年度	氏　　名	学　科	生年	卒業年度	職　　歴
1907	藤根壽吉	土木科	1876	1900	1927年満鉄理事
〃	直村盛之助	機械科	1875	〃	1918年退社
〃	貝瀬謹吾	〃	1878	1901	1914年運輸部運転課長
〃	和田九市	〃	〃	1903	1919年大連管理局運転課長
〃	松尾勘六	〃	1874	〃	遼陽車両係主任
〃	大河平隆光	法　科	1879	1905	公主嶺経理主任
〃	奥沢耕造	土木科	1878	〃	奉天保線係主任
〃	黒岩重人	工　科	1882	1906	大連車両係主任
〃	岡虎太郎	法　科	1883	〃	1925年満鉄理事
〃	平野正朝	〃	1880	1907	1929年地方部学務課
〃	千秋　寛	〃	1883	〃	1929年鞍山製鉄所所長
〃	足立祐一	機械科	1884	〃	満鉄工場職員
1908	笠島陽三	医　科	1874	1894	南満医学堂教員
〃	雨宮春雄	電気科	1877	1901	電気作業所長
〃	阿部金造	医　科	〃	1906	安東医院医長
〃	山口義夫	機械科	1881	1908	運輸部運転課職員
〃	衛藤祐盛	〃	1883	〃	運輸部運転課職員
1909	福田　稔	土木科	1879	1905	1923年地方部土木課
〃	木村三郎	機械科	1884	1906	満鉄工場職員
〃	野村聿郎	工　科	1881	1909	満鉄工場設計課

出典　表1に同じ.

帝大卒生以外では高等商業学校、東京外語、東亜同文書院などの卒業生が入社していた。岩田熊次郎は神戸高等商業を〇八年に卒業し、翌〇九年に入社した。二四年には鉄道部庶務課長になっている[38]。小川逸郎は東京外語支那語科を〇九年に卒業し、翌一〇年に入社した。堪能な中国語能力を武器に頭角をあらわし、二三年に興業部販売課長に昇進した[39]。東亜同文書院卒としては足立直太郎があげられる。足立は〇七年に東亜同文書院を卒業し、同年入社した。最初はキップ切りからやらされたが、二六年には埠頭《ふとう》事務所の庶務課長になった[40]。創業時に入社した高等商業学校、東京外語、東亜同文書院の

表3　満鉄の職員数・傭員数（単位：人）

年度	職　員	雇　員	傭　員 日本人	傭　員 中国人	総　計
1907	2,953(22.3%)		6,135(46.4%)	4,129(31.2%)	13,217
1909	3,251(21.5　)		5,589(37.0　)	6,267(41.5　)	15,107
1913	4,693(21.5　)		8,213(37.7　)	8,901(40.8　)	21,807
1915	2,381(10.1%)	2,297(9.8%)	9,025(38.4　)	9,827(41.8　)	23,530
1919	3,680(8.3　)	5,309(12.0　)	15,818(35.8　)	19,415(43.9　)	44,222
1921	4,297(11.8　)	5,208(14.3　)	12,059(33.2　)	14,757(40.6　)	36,321
1923	4,959(13.2　)	4,793(12.8　)	12,230(32.6　)	15,563(41.5　)	37,545
1927	8,565(25.1%)		11,865(34.8　)	13,677(40.1　)	34,107
1929	8,223(24.0%)	2,848(8.3%)	10,357(30.2　)	12,862(37.5　)	34,290
1931	7,420(23.5　)	3,330(10.5　)	10,378(32.8　)	10,506(33.2　)	31,634
1933	9,243(23.8　)	5,485(14.1　)	13,627(35.1　)	10,430(26.9　)	38,785
1935	12,661(23.6　)	6,300(11.7　)	22,384(41.7　)	12,286(22.9　)	53,631
1936	19,011(16.4　)	15,761(13.6　)	27,642(23.8　)	53,879(46.3　)	116,293

出典　満鉄『十年史』132頁，『第二次十年史』135頁，『第三次十年史』104頁より作成．
注　嘱託は除外している．

卒業生は、帝大卒生と同じように課長に昇進していたことが確認できる。

　鉄道業務以外の仕事をする人も満鉄にはいた。たとえば、森本辨之助は一九〇九年に耳鼻科の医者として入社し、その後も満洲で医者を続けた[41]。三原重俊はアメリカでホテル業務の修行をしていたが、一〇年に渡満して満鉄の経営する大連ヤマトホテルに入った。以後、旅順や奉天のヤマトホテルの支配人を勤めた[42]。満鉄は付属地に学校を設けていたので教師も採用していた。河村音吉は石川県師範学校を一八九三年に卒業し、石川県下で教師をしていた。ところが、〇八年に渡満して満鉄に入社し、奉天小学校の校長になった[43]。

　こうしたさまざまな日本人が満鉄の社員となり満鉄の社員数は増えていった。満鉄社員と一口にいっても、その内訳はいくつかに分かれていた。満鉄は傭員という名称の人員を、主に肉体労働的な要素が強い仕事の担当として雇っていた。職員が月給制なのに対して傭員は日給制であった。傭員の人数は常に職員より多く、一九一〇年では職員三八〇一名に対して傭員は一万四一七一名（日本人六九六一名、中国人七二一〇名）であった。比率的には傭員は全体の七割前後を占めていた（表3）。一九一五年には職員よりランクの低い雇員が設けられた。満鉄という会社は職員―雇員―傭員というランクが厳然と分けられた会社であった。

時期はやや下るが、一九二二年の『読書会雑誌』（満鉄社員の親睦《しんぼく》のために刊行された雑誌）には「駅夫不出世記」という創作記事が掲載されている(44)。これは創作だと断っているが、傭員は極めて理不尽なあつかいに耐えていた物語となっている。こうした創作記事が書かれてしまうところに、傭員が冷遇されていた一面を見てとれる。中国人は傭員には多数採用されたが、職員になる人はまれであった。満鉄は「会社労働傭人ニハ可成《ナルベク》支那人ヲ使用スルノ方針」を立て、賃金の安い中国人を使い、「給料ヲ節約」しようと考えていた(45)。つまり、もともと中国人は安い労働力としてしか見られていなく、それがゆえに職員の地位を得る中国人はほとんどいなかった。

大卒や高等商業卒の社員にとっては課長への昇進が一つの目標であったが、傭員や雇員は職員になることが重要であった。例えば、尾崎惇一郎は一六歳のときに後藤新平の書生になり、ついで国沢新兵衛（満鉄理事、後に理事長）の書生になった。こうした縁から満鉄創業と同時に見習いとして入社した。一九一〇年に職員になり、二六年には大連工務事務所の庶務係長になった。尾崎は見習いから三年程度で職員になったので、かなり早い昇進だと思われる(46)。線路工夫として〇七年に入社した持麾友吉は、勤務のかたわら夜学に通い製図や測量について学んだ。こうした努力が認められ、二〇年に職員になることができた(47)。持麾は職員になるまで一〇年以上かかったのである。

一九一二年に満鉄の職員数は四〇〇〇人をこえ、社員の総数は二万人を突破した。日本人の社員数は増え続け、一〇年代後半には二万人以上に達し、在満日本人のなかでは一大勢力となった。

4　戦争景気消滅後の在満日本人

日本兵を追い求めて渡満した日本人商人は、日本軍の撤退後、苦しい状況に陥った。大連では日本兵相手の商売は一九〇八年には成り立たなくなり、日本人商店には淘汰の波がうちよせていた。戦争景気は去ったが、大連は〇八年以降貿易港として活気をとり戻した。日露戦争後に大連は満洲産大豆の積み出し港になり、その貿易額は増えていった。大連から輸移出される大豆は一九年には五〇万トンになり、二七年には一〇〇万トンを超えた。輸出の増加は輸入の増加をうながし、大連の輸移入総額は〇八年では約二〇〇〇万海関両であったが、一六年には五〇〇〇万海関両を超えた(48)。

大連が一大貿易港になった要因として、満鉄による大連中心主義をあげることができる。満鉄は大連に物資が集中するよう鉄道運賃を調整するとともに、大連埠頭の整備・拡張を進めた。とくに一九〇七年一〇月に設定された大豆三品特定運賃は露骨な大連中心主義をとっていた。大豆運賃は営口着より大連着のほうが安く設定されたため、大豆は大連に集中するようになった(49)。この他に関東都督府が自由港制度を採用した点も、大連貿易が拡大した要因としてあげられる。大連へ輸入される物品の内、関東州内で消費されるものと再輸出されるものは非課税あつかいとされた。このため中継港として大連は注目され、多くの物資が集まった(50)。

対外貿易の拡大にともない、貿易業を営む日本人が大連では幅をきかすようになった。神戸で四〇〇年の伝統を持つという海産物問屋の婿養子であった臼井熊吉は、一九〇六年に大連にやって来て、大豆をあつかい成功をおさめた(51)。輸入品で多かった綿製品をあつかった商店としては永順洋行があげられる。永順洋行をきりもりした長浜敞介（浅太郎）は〇五年に満洲の貿易調査のため渡満し、その後永順洋行に入るという経歴をたどっていた。永順洋行は支店を奉天、長春、ハルビンなどにも広げ、満洲国期においても営業を続けた満洲有数の輸入商店であった(52)。

貿易に関係した銀行や船会社の日本人も大連の有力者になっていた。横浜正金銀行の大連支店長として一九一〇年に赴任した井上一男は大連日本人財界で活躍し、一五年には大連商業会議所の会頭にもなった(53)。大阪商船会社の大連支店長として〇八年に赴任した石崎震二は業務の拡張につとめ、大連日本人財界のなかで頭角をあらわした(54)。

満鉄は沿線にある満鉄付属地の整備を行い、付属地を日本国内の都市に劣らない場所にしようとしていた。満鉄付属地とは駅、線路、操車場、社員の住宅などに使われた場所である。その面積は年度により異なったが三〇年では三七一平方キロに過ぎず、関東州（三四六三平方キロ）に比べるならば約九分の一であった[55]。延々と続く線路に、時折駅となっている大きな付属地が現れることから、「蛇《へび》が蛙《かえる》を呑んだ」ようだと形容されていた[56]。満鉄は道路、上下水道、電気、ガスなどのインフラ整備に惜しみなく資金を投じ、学校、病院、図書館、墓地、火葬場などの社会施設の建設も行った。こうした満鉄による付属地建設は、一鉄道会社の事業内容をこえるものであった。満鉄が単なる鉄道会社ではなく、日本による満洲経営の一翼を担う国策会社であったと指摘される理由は、付属地建設を担当した点にもあらわれている。

満鉄沿線において最も日本人が多かったのは奉天であった。奉天の戦争景気も一九〇八年には終わり、日本人商店は売り上げ不振に悩んでいた[57]。日本兵を相手に商売した日本人は淘汰されたが、商人・実業家として成功した日本人もいた。石田武亥は日露戦争に新聞記者として従軍したのを契機に、満洲で生きることを決めた。〇九年に奉天で輸入雑貨商を始め、その後は事業経営にたずさわり、奉天倉庫金融会社、奉天信託会社などの社長を勤めた。石田は満洲国期においても奉天商工会議所（三八年以降は奉天商工公会）の会長に就任し、四三年一一月に亡くなるまで三〇年間以上奉天で活動した数少ない日本人の一人である[58]。

吉田繁治郎は奉天で日本製品を輸入販売して成功した。吉田は大阪にある寺庄商店という綿糸商店に一六歳のときに入った。日露戦後に寺庄商店は営口に支店を開設し、吉田はその支店長として渡満した。満洲権益の獲得が大阪の綿糸商店に勤めていた一人の日本人の運命を変え、吉田は満洲の土を踏んだのである。一九一四年に独立して奉天で中国人を顧客にした日本製雑貨の輸入販売を始め、満洲国期も営業を続けていた(59)。

商業ではなく建設業で成功した人もいた。上木仁三郎は安奉線の工事に従事したことを機に満洲で建設業を行う決意をかため、一九〇八年に奉天で上木組を興《おこ》した。上木組は満鉄の指定請負人になり、奉天付属地の小学校、病院、満鉄社宅などの建設に携わり、奉天有数の建設業者になった。吉川康も満鉄の指定請負人になり、付属地建築に関わることで成功した(60)。満洲で活動した建設業者は、満鉄や関東都督府の指定請負人になることがポイントであり、日本の満洲経営機関と関係を持つことなしには成功できなかった。

奉天の満鉄付属地のインフラが整い始めると、奉天城内に住んでいた日本人は付属地に移動してくるようになった。城内にはきちんとした水道がないうえ道路も未舗装であり、何よりも日本人の目には非衛生的な光景が広がっていた。一九〇六年七月に奉天を訪れた東京高等師範学校の学生は、奉天城内の道路を「これこそ真に泥濘《でいねい》脚を没すで、二尺も深い灰色のトロトロになった泥」の道であり、そのなかを「馬車が輪の半《なかば》以上も泥に漬けながら走っている」と述べている。さらに「町も人もことごとく臭くてたまら」なく、露店で売っているスイカにはハエが黒山のようにたかっているが、中国人は「値切るが臭いともきたないとも言はず」、平気で食べていると記している(61)。こうした状況下の奉天城内で日本人が暮らすのは厳しかったので、満鉄付属地に集まってきたと思われる。

満鉄の北端であり、ロシアが経営する東支鉄道との接続点(東支鉄道の駅は寛城子と呼ばれた)でもあった長春では、中国人だけでなくロシア人の姿も目についた。長春付属地のインフラ整備は進められたが、何もない場所に完備した都市を作るには時間がかかった。例えば、下水道が付属地全域に行き渡るのは一九一三年ころであった。これより以前は道路の側溝に汚水が流されたため、市街には耐え難い悪臭がただよっていたという(62)。

長春で活動した日本人商人も、日露戦争を機に満洲で開業した人が多かった。和登良吉は中国貿易に携わっていたことから中国語に長じていた。それゆえ日露戦争には通訳として従軍した。戦後は長春で電気材料、建築材料をあつかう和登商行を開業し、満洲各地に支店も出した。一九二八年に和登は死去したが、店員であった日下良吉が後を継ぎ、和登商行は満洲国期においても営業を続けた(63)。下徳直助も日露戦争に従軍し、〇七年に長春にやってきて、長春駅で両替商、物品販売商を始めた。両替商を営むため強盗に目をつけられ、〇九年にはロシア人と中国人からなる強盗に襲われたりもしたが、商売は順調に続けていた(64)。

長春でも付属地の整備が進むにつれ、日本国内と同じような生活が可能となった。だが、建設業者は仕事が減ってしまい、建設業者を顧客とする料理屋や雑貨商も影響を受けていた。そして、「満鉄が近き将来に於《おい》て全く投資」しなくなったならば、「我居留民生活の益々《ますます》窘窮《きんきゅう》に陥《おちい》る」ことはまちがいないという、満鉄への依存がはやくも主張されていた(65)。

日露戦争の終結後、日本兵相手に荒稼ぎする日本人商人は淘汰され、満洲から姿を消した。新たに在満日本人の中核を担ったのは、関東都督府や満鉄などの満洲経営機関に勤める人たちであった。また対日貿易に関わる企業に勤める人や貿易商人も、在満日本人の中では有力者層を占めた。そして、これらの在満日本人に日本と同様の生活をサービスする小売商や飲食業者が存在した。まとめると、日露戦争後に形成された在満日本人の職業構成は、大別して三種類に分けられよう。第一には満鉄や関東都督府といった日本の満洲経営機関に勤務する人、第二には貿易関係者、第三には在満日本人を相手にする小売商や飲食店などの商業・サービス業者である。人数的には第一と第三の職業に従事する日本人が大半を占めた。小売商や飲食店はそもそも在満日本人しか顧客に考えていなく、中国人を相手にすることは視野の外にあった。

満洲には賃金の安い中国人の労働力が豊富にあったので、工場労働者、建設労働者、車夫などの単純な肉体作業を行う日本人は皆無であった。つまり大連や満鉄付属地には日本国内の都市を彷彿《ほうふつ》させる光景が広がっていたが、その社会構造は日本国内の都市とは異なっていた点を強調したい。

日露戦争の勝利により、満洲で大々的な活動が展開できると考えた日本人は多かった。だが、在満日本人の人数は大きくは増えず、第一次大戦前では一〇万人程度であった。また、その居住範囲は狭く、大連や満鉄付属地などの満洲権益と関わるいくつかの場所に、日本人同士が固まって住む小空間が現出したに過ぎなかった。このため「満洲経営悲観論」が唱えられるに至った。次節では「満洲経営悲観論」の内容について考察してみたい。

5「満洲経営悲観論」の提唱

満洲権益を得た結果、日本国内では満洲への日本人移民の送出が叫ばれた。その代表的な論者は初代満鉄総裁に就任した後藤新平であろう。後藤は五〇万もしくは一〇〇万人の日本人を満洲に送り込むことを提唱し、多数の日本人を満洲に移住させれば、「満洲ハ事実上帝国ノ領土トナリ、後年還付ノ場合ニ於テモ我ノ利益ハ確定不動」だと考えていた(66)。日露戦争を外相として戦った小村寿太郎《じゅたろう》は、一九〇九年二月の帝国議会の演説でいわゆる「満韓移民集中論」を述べて注目を集めた。小村は日本人移民の送出先が世界各地に分散するのは良くなく、満洲と韓国に集中させるべきだという考えを主張した(67)。

こうした自国の勢力圏に移民を送り込み、その支配権を強固にするという方法は、欧米の植民地経営の理念とはやや異なる。一般的に植民地は宗主国の商品市場、原料供給地という位置づけである。

後藤や小村は満洲権益の強化のために日本人を満洲に送り込むことを考えていたが、移住した日本人が満洲でどのような職業、生活を営むのかについては述べていない。とにかく日本人の人数を増やすことが満洲権益の強化につながるという発想であり、移住後に何をするのかまでは考えていなかったようである。

満洲において日本人はどの方面に伸びていける可能性があるかを検証するため、関東州民政署は満洲産業の総合的な調査を日露戦争終結後すぐに行った。一九〇五年一〇月から一二月にかけて奉天省を中心に行われた産業調査の結果は、日本人による満洲開発の可能性は低いという悲観的な内容であった。そして通常の方法では低い可能性を、国家の保護により突破していく提言を数多くしている。日露戦争直後に出されたこの提言の方向性を、平野健一郎氏は「けっして軍事的なものではなかったが、『平和的』発展を狙うがゆえに軍事力に依存せざるをえなくなる性格」であったと評価している(68)。

在満日本人の人口は一九一〇年でも七万六〇〇〇人程度に過ぎなかったので、日本人の移住地として満洲は不適当ではないかという意見が出された。そうした意見は、満洲経営の前途を危ぶむ「満洲経営悲観論」とも形容できよう。柳沢遊氏は一〇年前後に主張された「満洲経営悲観論」を分析して、これらの「悲観論」は在満日本人の「一攫千金主義」や「共食主義」を問題にしていた点と、克服方法として悪徳業者の自然淘汰を待つ意見や、産業開発や市場開拓をすすめれば、やがては解消するという意見が出されていたとまとめている(69)。

「満洲経営悲観論」の背景には、在満日本人の活動範囲が在満日本人のなかだけに限られ、中国人の生活空間におよんでいないという事実があった。在満日本人には商業やサービス業を営む人が多かったが、その顧客のほとんどは在満日本人であり中国人ではなかった。そもそも日露戦争後に満洲へやって来た日本人は、日本兵相手の商売をしていたのであり、中国人を相手に商売するノウハウは持っていなかった。中国人を相手に商売するには、それなりの修行と経験が必要であった。満洲の貨幣は統一されていなく、度量衡《どりようこう》も場所によりまちまちであった。日露戦争後に満洲各地を探査した黒田甲子郎は、場所により貨幣も度量衡も異なる「満洲内地ニ踏込ンデ商業」を営むには、各地の換算率に習熟する緻密な頭脳を必要とし、大豆を買うにも綿布や雑貨を売るにも、「仕入地及仕向地ノ価ト奥地ノ換算率トヲ対比シ、之ニ輸送費、関税及ビ利益トヲ加算シテ売買価」を算定する能力が必要だと指摘している(70)。

こうした取引は日本兵相手の商売を目的に渡満した日本人にできるものではなかった。そのため、顧客であった日本兵が撤退してしまうと商売は行き詰まってしまい、新たにやって来た満鉄社員や関東都督府の官吏を顧客にして営業を続けたのである。こうした変化は、日本兵相手の「共食主義」から満鉄社員や関東都督府の役人相手の「共食主義」への移行とも表現できる。しかしながら、日本兵に比べて満鉄社員などの人数はかなり少なかった。そのため、「共食い」の範囲は縮小し、日本人商人の活動も不振に陥ってしまった。

柳沢遊氏は日本人商人が「共食主義」に陥った理由は「日本人中小商人の対満過剰進出の表現」だとし、必要以上の日本人中小商人が渡満したため「共食主義」が生じたという理解をしている(71)。確かに、日本人商人という供給側の過剰も存在したが、顧客である需要側の日本兵が撤退してしまい、「共食い」の範囲が縮小した結果、日本人商人は過剰になったという側面も指摘したい。

在満日本人の沈滞が叫ばれた一九〇九年三月に、外務省通商局は満洲移民の可能性に関する調査報告書をまとめた(72)。まずこの報告書は、移民となる動機は移民先での賃金が日本で働く以上の高賃金であることが前提にあり、アメリカやハワイにはこうした条件は存在するが、満洲には日本人より低賃金の中国人労働力が豊富にあるので、労働力として日本人が入り込む余地はないと指摘する。ついで在満日本人の状況を分析して、ハワイ移民やアメリカ移民はその国の住民から賃金や利益を得ているのに対して、在満日本人は在満日本人から賃金や利益を得ていると指摘する。付属地の華やかな店舗は日本人を顧客にし、旅館や料理店に出入りするのも日本人だけだとし、「満鉄ノ各出張所ト三井、大倉等ノ支店、二、三ノ貿易商ヲ除ケハ企業ラシキ商工業」はないと述べている。

報告書は今後の方針として、現在の在満日本人に救済策を講じる必要なく、「戦時ノ甘夢ニ耽《ヒタ》ルモノハ自然ノ淘汰ニ任」せ、「清新ナル堅忍《ケンニン》ノ移民ヲ招致《シヨウチ》スル策」を考えるべきだとしている。そして、将来の見通しとして、日本政府が移民を保護しなければその増加は望めないとし、満洲移民の将来性を高くは評価していない。

新聞社の特派員として一九一〇年から満洲で三年間過ごした服部暢も、在満日本人の状況について厳しい評価をしている。服部の意見をまとめると、満洲にいる日本人は何といっても満鉄に依存して生活しており、満鉄を基軸に日本人は増えた。しかし問題なのは、「満洲は日本人ばかりの満洲ではな」く、「支那人という恐ろしい生活上の競争者」が日本人を取り囲んでいる。労働者や小売商といった社会の下層レベルでは、日本人は中国人と太刀打ちできないので、中国人より高い生活水準の日本人を満洲に多数入れることは不可能だと主張している(73)。

服部は満洲で日本人が増えない状況を悲観も楽観もしてなく、満洲に適合できない日本人が去るのは仕方のないことだと言う。適合できない日本人に対して、「労力に於て支那人に敵せず、商売の能力にかけて動《やや》もすれば支那人に敵せず、資本にかけて支那人に優《すぐ》らずとすれば、何一つとして依《よ》つて立つ所はな」く、「日本人という看板だけで世の中は渡れ」ないと手厳しい(74)。

以上の外務省の調査報告書と在満生活三年の経験を持つ服部暢の見解は、満洲に大量の日本人が移り住むのは難しいことを指摘している。ハワイやアメリカと違い、満洲には日本人より低賃金の中国人労働者が多数いるので、日本人労働者は必要とされていなかった。日本は満洲権益を獲得したとはいえ、日本人が満洲で活動できる範囲はそう大きくないことが判明したのである。

しかしながら、満洲はロシアの攻撃に備える緩衝地《かんしょうち》として、植民地朝鮮の安全を確保する防波堤として、日本の安全保障にとって重要な意味を持っていた。ジャーナリストの中野正剛は、満洲権益は日本にとって必要不可欠なので、「満洲経営に費したる金額若干、之より得たる金額若干を説きて大陸政策の抛棄を主張」するような見解は支持しないと主張していた(75)。満洲の実情を見るならば日本人の活動地として不適当だという意見と、経済的採算性などは度外視して満洲権益は確保する必要があるという意見が、互いに正当性を争っていたのである。

在満日本人の経済活動がかんばしくないことは、在満日本人自身も気づいていた。一九〇九年三月に開催された第一回南満洲実業連合大会において、大連実業会代表の長浜敞介（浅太郎）は、満洲で成功した人は少なく、「一部の土木建築請負業者が成功したのみで、真正の実業者は皆失敗」した。だが、「二十億の国幣を費やし、十万の生霊を犠牲」にして得た満洲権益はなんとしても確保する必要がある、と発言している(76)。容易には満洲での実業は成功しないという現実を前にしながらも、莫大な犠牲により獲得した権益なのだから、何としても撤退できないという焦燥感、ジレンマが長浜の主張からは感じられる。長浜の言う「二十億円の戦費と十万の犠牲者」により獲得した満洲権益という主張は、満洲事変前に叫ばれた「満蒙の危機」の中でも繰り返されたのは周知のことであろう。

中野正剛や長浜敞介（浅太郎）の主張からは、日露戦争という対外戦争により得た権益確保が大前提にあり、満洲での経済活動の採算性などは関係がなく、むしろ採算の取れない部分は国家が援助するべきだという発想が読みとれる。

在満日本人同士の「共食い」で生計を立てる日本人商人、満洲の経済開発にコミットできない日本人、こうした在満日本人の姿を述べると、日露戦争後の満洲経済におよぼした日本の影響力はたいしたものではなかったようにも受け止められよう。在満日本人の活動は振るわなかったが、満洲経済は日露戦争を境に大きく変化した。満鉄や東支鉄道が本格的な運行を始めたため、奥地の農産物は鉄道により大量に運び出されるようになった。さらに大豆の海外市場が開拓されたことが農業生産を刺激した。大豆需要の増加とあいまって満洲に流入する中国人移民は増え、流入した移民は農地の開拓を進め、農業生産は増加した。日露戦争後、満洲の未耕地は中国人移民により急速に開拓されていった。大豆輸出の増加は綿製品などの輸入の増加を導き、満洲内での商業取引は活発になった。

満洲内の商品流通は増加したため貨幣の流通も増え、新たに銀行も設立された。「官銀号」と呼ばれた中国側の金融機関が各省に設立されるのは日露戦争後のことである。日露戦争以前では省都（奉天、吉林、チチハル）以外には都市らしい都市はなかったが、鉄道沿線に都市が誕生し経済的な中心地となった。日露戦争後の満洲経済は明らかにそれ以前とは異なる段階に入り、そうした状況を生み出すのに満鉄の運行、貿易港大連の整備、日本人貿易商の活動なども一定の役割を果したのである(77)。

日露戦争後に満洲経済は新たな胎動を始め、その様相は大きく様変わりした。一方、政府有力者による大規模移民の掛け声にもかかわらず、在満日本人の勢力は容易に拡大しなかった。第一次世界大戦が勃発した一九一四年に、外務省は在満日本人の状況に関する調査を行った。この報告は、在満日本人の総数は増えてはいるが、その増加は「経済的活動者タル本業者ノ増加」ではなく本業者の家族の増加に起因するとし、南満洲において日本人を受け入れる経済的収容力はすでに限界に近く、「新ナル発展ノ方向ト場所ヲ与《アタ》フルニ非《アラ》サレバ、今後在満邦人人口ノ顕著ナル増加」は望めないという結論を述べている(78)。在満日本人の人数は一四年の時点で飽和《ほうわ》状態に達していたのである。

在満日本人の前途は暗く、国運をかけて獲得した満洲権益が今後どうなるのか、誰もが不安を覚えるなか、一九一四年七月に第一次世界大戦が勃発した。

三　在満日本人の活況と苦境

1　第一次世界大戦と在満日本人

日露戦争後、満洲に移り住む日本人は増えたとはいえ、満洲には多数の日本人移民を受け入れる条件は存在しないことが指摘された。そうしたなか、第一次世界大戦が一九一四年に勃発した。日本は連合国側の一員として参戦し、ドイツ権益のある山東半島の青島を攻略した。日本政府はその余勢をかり、中国政府に「二十一ヵ条の要求」（一五年一月提出）を突きつけた。その中には、さらなる満洲権益の拡大が盛り込まれていた。そして、満洲権益にかかわる内容は「南満洲及東部内蒙古に関する条約」（以下、南満東蒙条約）として、一五年五月に調印された。

南満東蒙条約で日本が獲得した新権益は三つにまとめられる。第一に、旅順・大連の租借権が一九九七年まで、満鉄の返還期限が二〇〇二年まで延長された。第二に、日本人は南満洲において自由な居住が認められ、南満洲内であれば日本人は制限なしに居住できるようになった。第三に、日本人は農業や商工業に使う土地の「商租」が認められた。「商租」とは現代の日本人には聞き慣れない言葉である。南満東蒙条約と同時に交わされた交換公文によると、「三十箇年迄ノ長キ期限附ニテ且《カツ》無条件ニテ更新シ得ヘキ租借」だとしている[1]。

これまで日本人が合法的に生活できた場所は関東州、満鉄付属地といくつかの開放地だけであったが、南満東蒙条約により南満洲ならばどこでも居住できることになった[2]。一方、日本人は中国において領事裁判権を持っており、内地雑居権と領事裁判権の両方を認めさせられた中国側の不満は大きかった。

南満東蒙条約の締結以降、在満日本人の人口、居住地はどのように推移したのだろうか。一九一六年以降在満日本人は増え、二一年には約一六万六〇〇〇人を数えるに至った（表4）。都市別では、最も多かったのは大連であり、在満日本人の約四〇%が住んでいた。大連に次いで多かったのは奉天であった。奉天には満洲事変前では約二万人の日本人が居住していた（表5）。在満日本人は増えてはいたが、その居住範囲は拡大していなかった。表6は居住地別の推移を示している。これによると関東州が最も多く、次いで満鉄付属地の順序になっており、両者で七〇~九〇%を占めている。開放地に住む日本人は一〇%前後であった。在満日本人は関東州と満鉄付属地という限定された場所で増えて

表4　在満日本人の人口（単位：人）

年次	人口数
1908	58,433
1910	76,333
1912	88,971
1915	101,586
1917	120,063
1919	147,493
1921	165,914
1923	175,305
1925	187,951
1927	199,080
1929	216,128
1930	228,736
1932	268,982
1933	333,912

出典『関東州並満洲在留本邦人及外国人人口統計表』各年版より作成.

表5　主要都市における日本人の人口（単位：人）

年次	大　連	旅　順	営　口	安　東	奉　天	撫　順	長　春	ハルビン
1908	22,476	6,251	1,931	4,109	3,322	—	2,337	590
1912	34,023	10,052	2,179	5,898	5,140	3,324	3,324	1,084
1917	44,622	9,328	2,443	6,752	8,336	5,572	5,572	2,287
1921	65,000	10,249	2,828	9,138	15,330	8,043	8,023	3,545
1923	73,715	10,318	2,589	7,696	17,407	7,235	7,901	3,460
1927	83,176	10,450	2,521	10,202	20,414	7,443	9,134	3,715
1930	99,717	12,136	2,890	10,824	22,851	13,639	10,268	3,910
1932	109,104	12,116	3,365	11,634	32,509	14,325	16,610	5,770
1933	121,611	12,556	3,839	12,746	44,718	15,254	27,945	9,096

出典　表4に同じ.

表6　在満日本人の居住地別人口（単位：人）

年次	関東州	満鉄付属地	開放地	その他	総　計
1908	29,773 (50.9%)	11,842 (20.2%)	16,818 (28.7%)		58,433 (100%)
1914	48,990 (48.5%)	31,790 (31.5%)	15,028 (14.9%)	5,027 (4.9%)	100,835 (100%)
1917	55,516 (46.2%)	40,316 (33.5%)	16,129 (13.4%)	8,199 (6.8%)	120,160 (100%)
1923	86,300 (49.2%)	72,213 (41.1%)	12,857 (7.4%)	3,978 (2.2%)	175,348 (100%)
1929	107,364 (49.6%)	93,158 (43.0%)	11,915 (5.5%)	3,730 (1.7%)	216,167 (100%)
1933	139,016 (41.6%)	136,416 (40.8%)	34,648 (10.3%)	23,632 (7.0%)	333,712 (100%)
1936	166,369 (30.1%)	199,006 (36.0%)	117,052 (21.2%)	69,510 (12.5%)	551,937 (100%)

出典　副島昭一「戦前期中国在留日本人人口統計（稿）」『和歌山大学教育学部紀要（人文科学）』33号，1984年より作成.

注　総計の数値は表4と合わないものもあるが，そのままにした.

いたと指摘できよう。在満日本人は広大な満洲の一部分に、へばりつくように生活していたのである。

第一次大戦期には満洲経済の動向も変化し、在満日本人にも大きな影響をおよぼした。第一に貿易額の増加があげられる。一九一四年の南満三港（大連、営口、安東）の輸移出額は約七九〇〇万海関両であったが、一八年には約一億四〇〇〇万海関両に増えた。輸移入額のほうは一四年の約八二〇〇万海関両から、一八年には約一億五二〇〇万海関両に増えた。輸移出額、輸移入額ともに五年間で二倍弱増えたのである。(3)輸移出では大豆が、輸移入では綿製品の増加が目立った。

第二に朝鮮銀行や東洋拓殖会社（略称東拓）が満洲に支店を開設して、積極的な融資業務を行ったことがあげられる。「朝鮮の中央銀行」と呼ばれた朝鮮銀行は、一九一三年に大連、奉天、長春に営業所を開設し、朝鮮銀行券の流通範囲を満洲におよぼす試みを始めた。朝鮮銀行満洲支店の預金・貸出金は増え、一八年には朝鮮支店の金額に匹敵するまでになった。(4)朝鮮銀行と同じく朝鮮で活動した東拓も、一七年に大連、奉天に支店を開設し、満洲での投資事業に乗り出した。東拓は「市街経営」に積極的な投資を行い、大連、奉天、ハルビンなどの土地や建物に多額の資金を投入した。(5)これらの日系金融機関の後押しにより、多少の信用ある在満日本人は多額の融資を受けて土地に投資するという土地ブームがわきおこった。

貿易の拡大、朝鮮銀行・東拓の積極的な融資業務を背景に、在満日本人の間には企業設立ブームが巻き起こった。一九一五年から一九年にかけて会社（本店）数は、関東州では八四社から三二三社に、満鉄付属地では二一社から一五二社に増えた。とりわけ、一八〜二〇年の増加が著しかった。新設企業の多くは企業活動ではなく、株式の値上がりで利益をあげていた。例えば奉天では、会社の設立が企図されると「創立前既《すで》に株式申込が予定株式数に幾数十倍する」状況が生まれ、その結果「遂にプレミアムを生じ、株の割当権利さえ得れば一厘の資金も労苦も要せずして、一株に付き何十円」いう権利金が入手できる「株式万能の新時代」になったという。(6)

「満蒙経営悲観論」が主張され沈滞傾向にあった在満日本人の活動は、第一次大戦期に再び活況にわいた。しかしながら、在満日本人の職業構成は変化していなかった。在満日本人の職業構成を最も詳しく示す資料は、外務省刊行の『海外各地在留本邦人職業別表』である。これは各地の領事館が管轄地域の日本人の職業を一二七項目に分けて、毎年報告していたものである。さまざまな文献に掲載されている海外在住日本人の職業統計は、この『海外各地在留本邦人職業別表』を根拠にしていると考えられる。というのは、これ以上に網羅的かつ詳細な在外日本人の職業統計は存在しないからである。だが、どの職業分類にカウントするかについては見解がわかれることもあった。(7)『海外各地在留本邦人職業別表』を利用する際の難点は、分類が細かすぎ、主要な傾向を読み取りにくいことである。

筆者が知りたいのは、本業者だけの職業別人口ではなく、在満日本人の全体的な構成である。つまり、満鉄社員が何人でその家族がどれくらいいたのかという、家族、子供の人数をも含む在満日本人の動向である。『海外各地在留本邦人職業別表』は一九二〇年以降、本業者の人数と家族の人数は分けて計上している。しかし満鉄社員という項目はなく、「鉄道従業者」や「鉄道労働者」という項目になってしまう。満鉄社員は鉄道関係だけでなく学校や病院にもいたので、『海外各地在留本邦人職業別表』から満鉄社員とその家族の人数を明らかにすることはできない。

満鉄社員や関東庁の官吏、およびその家族の人数を年度ごとに示す統計を見つけることはできなかった。一つの試算が満鉄庶務部調査課により行われている。これによると、一九二六年の満鉄社員は二万一四人、その家族は四万八三六〇人の合計六万八三七四人であり、関東庁の官吏は六五〇〇人、その家族は一万五六〇〇人の合計二万二一〇〇人だとしている。両者を合計すると九万四四七人になる。二六年の在満日本人の総数は一九万三一七九人であることから、満鉄社員とその家族および関東庁の官吏とその家族は、在満日本人の四六・八%を占めたと試算している(8)。

在満日本人の職業構成は一九二〇年代においても四〇〜五〇%は満鉄社員、関東庁の官吏とその家族であり、残りは日本国内企業の支店関係者、貿易業者、在満日本人を顧客にする商工業者・サービス業者であったと考えられる。日本人が集中して住む大連や満鉄付属地では農林水産業を営める状況は乏しく、農林水産業に従事する人は非常に少なかった。また低賃金の中国人労働者が多数いたため労働者として働く日本人もほとんどいなく、全体として在満日本人の職業構成には偏《かたよ》りがあった(9)。

第一次大戦期に在満日本人の人口は増え、経済活動も活況を呈したが、その結果として在満日本人の勢力が満洲に拡大したのかというと、必ずしもそうではなかった。在満日本人の居住地は関東州と満鉄付属地に集中しており、満洲のごく一部の場所で暮らしたに過ぎなかった。職業面では、満鉄社員と関東庁の官吏が半数を占めた。第一次大戦後も在満日本人社会は日露戦争後と同様に、依然として満鉄社員と関東庁官吏を中心とし、その周囲に日本人社会の成立に必要な商工業者やサービス業者が存在するという構成を変えていなかった。

以下では、満洲各地の在満日本人の具体的な状況について検討し、第一次大戦期の在満日本人社会の特徴について見てみたい。

2　大連の発展と戦後不況

第一次大戦期に大連の貿易額は大きく伸張した。大豆を中心とした輸移出額は一九一四年では約五〇〇〇万海関両だったが、一八年には約一億海関両に達した。綿糸布を中心とした輸移入額は一四年から一八年にかけて、約二七〇〇万海関両から約九七〇〇万海関両に増えた。輸移出額、輸移入額とともに著しく増えたため、大連の総貿易額は一四年から一八年の五年間で約二・六倍伸張した。ロシアから引き継いだときには建設途上の荒涼とした大連の街は、貿易の伸張とともに建物で埋まっていった。

関東都督府は大連を貿易都市として、さらには満洲経営の拠点にふさわしい都市にするため市街の整備を進めた。大広場の周囲には市役所、警察署、横浜正金銀行、朝鮮銀行、ヤマトホテルなどが並び、壮麗な赴きを出していた（これらの建物はみな現存する）。大広場を起点に道路は放射状に伸び、沿道には会社や商店が並んでいた。だが、こうした市街は日露戦争後すぐに誕生したわけではなかった。一九一一年に『満洲日日新聞』の記者として大連に赴任した金崎賢は、赴任したばかりの頃は原野が多く、自宅の前の水溜りで中国人が洗濯する姿や、中国人馬夫が鞭《むち》の音をたてながら馬を追う光景を見るにつけ、「かなりヘンな所」に来てしまったと感じていた(10)。

大連の日本人は一九一五年には約四万人になり、その後も増え続けた。二〇年には六万二〇〇〇人に、三〇年には約一〇万人に達した。もっとも増えたのは日本人だけでなく中国人も増えていた。中国人の人口は二〇年では約一五万人、三〇年には約二五万人を数え、日本人よりも常に多かった。大連の総人口は二〇年には約二一万人になり、同時期の広島（一九万人）や仙台（一六万人）を超える規模の都市になっていた(11)。

「満洲経営悲観論」が唱えられ、沈滞ムードにあった大連経済は第一次大戦期に息を吹き返した。一九一七年になると好況ムードが広がり、二〇年初めまで大連の日本人は空前の活況にわいた。大連でも土地が投機の対象となり、一七年から一九年にかけて市内の不動産は平均六倍も上昇した(12)。金融機関から融資を受けて借地権を取得し、その土地に建物を立て、テナント収入で儲けようと考える人が増えたため、空き地のめだった市内はたちまち建物で埋まっていった（図2）。

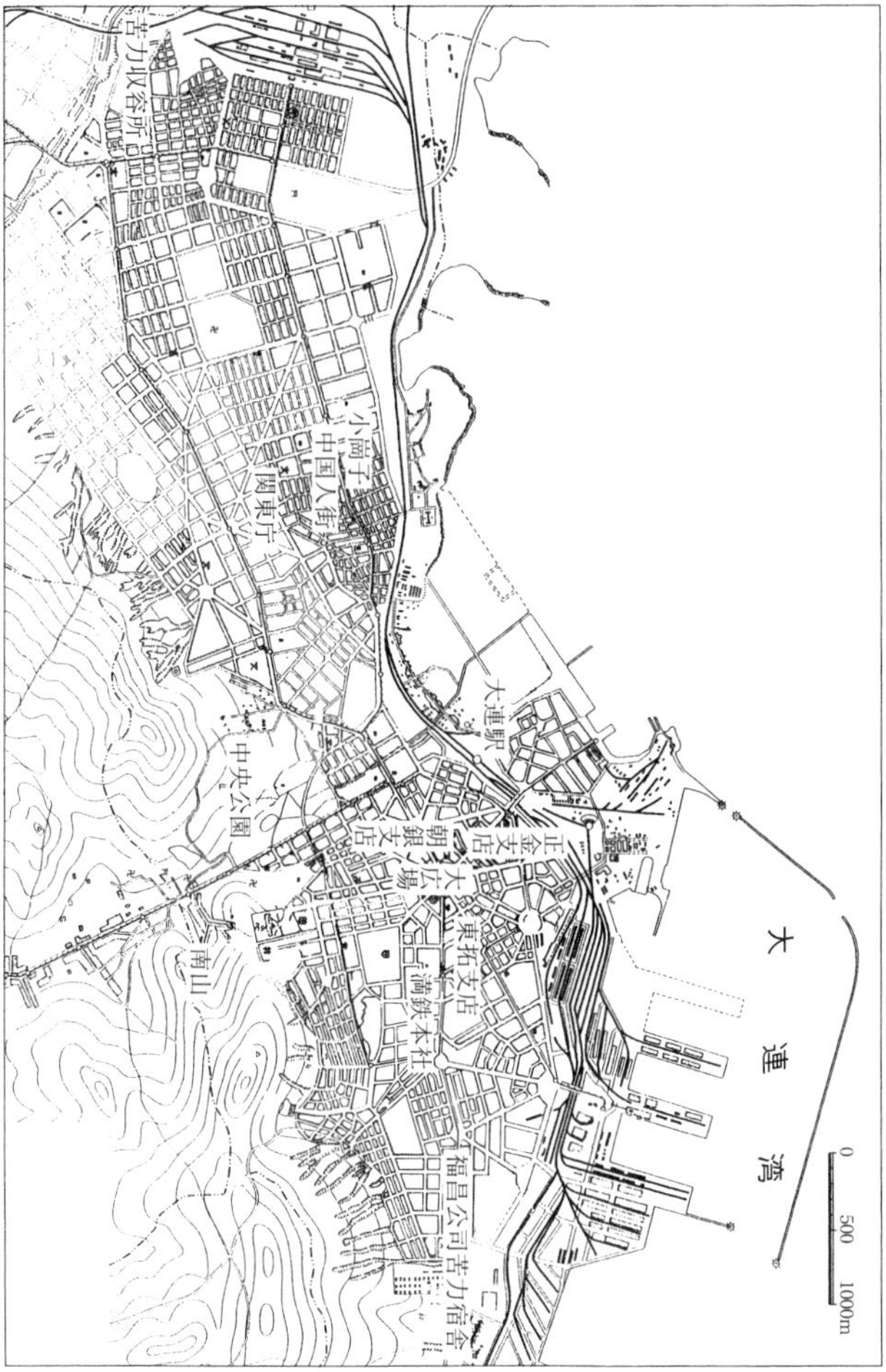

図2　大連市街図

出典『日本地理大系　満洲及南洋篇』1930年より作成．黒瀬郁二『東洋拓殖会社』日本経済評論社，2003年，p129を参考にした．

大連の土地は関東都督府の官有地のため、個人が勝手に土地を占有して家を建てることはできなかった。関東都督府は民間人に官有地の払い下げを行っていたが、払い下げには問題があった。一九一七年の調査は、大連日本人財界の二大巨頭と目された相生由太郎と石本鑽太郎の二人が、広大な土地の払い下げを受けていた事実を述べている(13)。特定の有力者に偏した土地の払い下げは不自然であり、そこには財界有力者と関東都督府の癒着関係がうかがわれる。相生由太郎と石本鑽太郎は払い下げられた土地の借地権を売却し、大儲けしたと推測される。

土地ブームだけでなく企業設立ブームも起こっていた。「会社さへ製造すれば、その会社の株に何《なに》程《ほど》かのプレミアムが付き、右から左へと直《す》ぐ儲か」ったので、人々は争って株式会社を設立した。事業の将来性や採算は度外視され、会社を設立することが目的となり次々に泡沫《ほうまつ》会社がつくられた(14)。多くの企業が相次いで設立されたので、「経営の人材に欠乏」が生じた。そのため「企業の種類、性質の如何《いかん》を問はず同一人」を重役にせざるを得なくなり、「その事業に対しては何等《なんら》の知識もなく、何等の経験もなきもの」が重役になるという事態が生じていた(15)。

冷静に考えるならば、こうした異常ともいえる土地ブームや企業設立ブームが長く続くとは誰しも思わない。だが、在満日本人は一時の活況に酔いしれ、自分たちの足元を見ていなかった。地道な労働をしなくても土地や株式への投資により大金を手にできたので、仕事を辞めて投資活動に走る人も少なくなかった。このため、就職難は過去のものとなり、逆に人手不足が顕著になった。地味な仕事は嫌われ、商店の丁稚《でっち》や電話交換手、埠頭《ふとう》の監視員など就業条件の良くない仕事は人手の確保に悩んだ。[16]異常なまでの活況の余波は大連に住む中国人にも波及した。一九一九年の年末には中国人の乞食も暮らしに困らなくなり、残飯をあさらなくなったという記事が『満洲日日新聞』には掲載されている。[17]

土地ブームや企業設立ブームは当然のことながら物価の上昇をもたらした。物価が上がるため会社の給料も上がったが、日本人小売商は満鉄が給料を上げたと聞けば価格を上げ、関東庁が増俸したと聞いては商品の値上げをしたため、給与生活者の暮らしは苦しくなった。以前は満洲に赴任ともなれば、外地手当がついたので少々ぜいたくもできたが状況は変わってしまった。ある満鉄の社員は、「大正八、九年頃の馬鹿景気当時なんざあ実際馬鹿々々しかったよ。よその会社は何百円から千円前後のボーナスでホクホク」なのに、「こちらはお定りの一ヶ月分だ」。やめて転職したかったが、人員不足のため許されなかったと、この当時を回顧している。[18]

一九二〇年三月に東京株式市場で起きた株価大暴落を契機に発生した戦後恐慌は大連にも波及し、土地ブームや企業設立ブームは終わりを迎えた。泡沫的に設立された会社は解散に追い込まれるか開店休業状態になり、社員の多くは職を失った。とりわけ日系銀行は一八～二〇年かけて合計二〇も乱立されたため、にわか設立の銀行は苦境に陥った。土地や株式の価値が暴落したことから、これまでの投資が焦げ付いてしまい、多くの日系銀行が存続の危機に立たされた。その後、日系銀行は合併を繰り返し、その存続を模索した[19]。

企業や銀行だけでなく、日本人小売商の営業も苦しくなった。第一次大戦期の「バブル的景気」が終息したことから、人々の購買力は冷え込み、日本人小売商の店先には閑古鳥《かんこどり》が鳴いた。さらに後述する満鉄消費組合の活動や中国人商人の台頭《たいとう》も手伝い、日本人小売商の活動は不振に陥ってしまった。

大連の人口構成は日本人より中国人のほうが常に多かったので、大連という都市の特徴を考える際には、中国人の動向を視野に入れなければ不十分である。『満洲日日新聞』などの大連で日本人が発行した出版物に登場する中国人は、問題を起こす人力車夫や労働者などの下層に属する中国人がほとんどである。しかしながら、大連に住む中国人はこうした下層の人たちばかりではなかった。

大連で活動した中国人商人は、大連華商公議会や小崗子華商公議会という団体を設立して、①貧民救済、②医療、衛生業務、③商業取引の調停、市場の安定化、④公共土木事業、⑤教育事業などを行い、大連に住む中国人の社会生活をサポートしていた。大連を拠点にした中国人商人は単純な排日ナショナリズムを叫ぶことは控え、日本政府や関東庁の意向をふまえつつ、自らの発展と利益を考えていた。たとえば、中国新聞『泰東日報』の編集長をしていた傅立魚は、中国人商人の課題は日本人商工業者が持つ技術や近代文明的諸価値を習得し、日本人を凌駕《りょうが》することにあると主張していた[20]。大連や満鉄付属地で活動した中国人については不明な点が多く、今後の研究を待っているが、その考察にあたっては、日本対中国というナショナリズムを基調にした発想を相対化する必要がある。

多数の中国人が住んでいたとはいえ、大連は中国的色彩の弱い都市であった。ある日本人は、「大連にいるとあまり支那のにおい」はせず、「大連はハイカラな臭いが分量において優つているように思われる」と述べていた。内陸部の奉天や長春では大陸性の荒々しい風が吹き寄せ、ほこりっぽさを感じることが多い。しかしながら大連は海が近いこともあり、吹き抜ける風は心地よい。何より日本人にとってうれしいのは、新鮮な魚介類が食べられる点である。これは戦前の奉天や長春では絶対に無理であった（筆者が留学した九〇年代半ばの吉林市でも、海でとれる新鮮な魚介類を食べることは不可能であった）。大連に暮らした日本人が抱いた満洲の印象と、奉天や長春に暮らす日本人が感じた満洲の印象は違っていたと思われる。内陸部の過酷な気候、風土のなかで、さらに付属地という閉鎖的な場所で暮らした日本人は、大連の日本人が味わう必要のない苦しみを経験していた。一口に在満日本人といっても、彼ら、彼女らが見た風景、感じた風、かいだ匂いは、同じではなかったことを強調したい。それゆえ、大連や奉天の事例だけにもとづき、「満洲の日本人は〜だった」などと主張するのは、一面的見解のそしりを免れないだろう。

3　満鉄付属地の発展とその特徴

満鉄付属地に住む日本人は一九〇八年では約一万二〇〇〇人に過ぎなかったが、一四年には約三万二〇〇〇人に増えた。(22)とはいえ、付属地に立つ建物の数は少なく、その様相は開発途上の感が強かった。例えば、一四年に奉天の満鉄付属地を訪れた日本人は、「ばかに空地が多く、人家が摘んで植え付けた様にあちらこちらに散在して」いる状態であり、「町の間に点在する原野に似たる空地に、烏《からす》が群をなしてカアカアと啼《な》き飛《とん》でいる所などは頗《すこぶ》る詩的で、俗離れがして居て面白い」という感想を記していた。(23)こうした状況は第一次大戦期に一変し、主要な満鉄付属地は急速に建物で埋まっていった。

第一次大戦期に朝鮮銀行や東洋拓殖会社などの金融機関がさかんに土地・建物に融資したため、奉天の付属地の空き地には次々に建物が建てられた。また、奉天の付属地に本店を置く企業も第一次大戦期に急増した。一九一四年では付属地の会社数は一八、資本金総額約は六〇〇〇万円であったが、一九年には会社数一五二、資本金総額約三〇〇〇万円になった。(24)かつては荒地に等しかった奉天の付属地は建物が立ち並ぶ都市へと変貌し、多くの企業が活動する場所になったのである。

奉天以外の付属地も第一次大戦期に市街建設が進んだが、一口に付属地といってもその様相はさまざまであり、人口の多い付属地と少ない付属地の差は大きかった。規模の大きな付属地を大連から北に向かってあげるならば、瓦房店、大石橋、営口、安東、遼陽、奉天、本渓湖、撫順、鉄嶺、撫順、開原、四平街、公主嶺、長春ぐらいであろう。満鉄本線の駅数は六〇あまりあったが、市街を形成した付属地は一〇程度に過ぎなかった。満鉄沿線に暮らす日本人は、大連〜長春約七〇〇平方キロの間

表7　満鉄付属地の日本人職業構成—1923年—（単位：人）

職　業	蓋平	大石橋	遼　陽	鞍　山	奉　天	鉄　嶺	公主嶺
商　業	8	250	581	539	3,858	286	304
工　業	—	130	1,438	2,702	3,210	462	62
交通業	120	1,131	1,237	385	3,957	947	272
公務自由業	30	332	585	1,069	3,498	648	51
合　計	200	1,878	4,071	5,137	15,876	2,530	892

出典　『満洲商工要覧』1924年より作成.

表8　満鉄の事業部門別営業収益（単位：千円）

年度	鉄　道	鉱　山	製鉄所	電気	ガス	旅館	地　方	総　計
1907	3,667	553	—	△ 36	—	△ 31	△ 130	2,017
1910	9,129	1,667	—	92	14	△ 77	△ 497	3,708
1913	14,361	1,801	—	335	77	△ 21	△ 1,051	7,167
1916	19,379	2,077	—	589	126	△ 7	△ 1,268	10,108
1919	36,532	13,599	△1,487	417	192	△ 3	△ 4,216	24,375
1922	53,644	6,716	△3,198	1,033	298	△322	△ 6,836	35,080
1925	58,595	6,467	△3,720	1,390	—	△215	△11,407	34,865
1928	74,281	11,603	1,216	—	—	—	△13,195	42,553
1930	58,562	1,813	△ 667	—	—	—	△10,719	21,673

出典　満鉄『十年史』936～943頁,『第二次十年史』1340～1345頁,『第三次十年史』2749～2761頁より作成.

に稠密《ちょうみつ》に分布したのではなく、間隔を置いて散在した規模の大きな付属地に集中して住んでいたのである。

満鉄付属地に住む日本人の多くは満鉄関係者であったと考えられる。だが、各付属地の日本人の内、どれだけが満鉄社員であったのかを示す統計は存在しない。表7は付属地の日本人職業構成を示しており、「交通業」の人数がほぼ満鉄の従業員に該当すると考えられる。どの付属地も「交通業」の人数が多いことがわかる。大石橋にいたっては、総数一八七八人のうち約六割の一一三一人が「交通業」に従事している。付属地は満鉄の社宅的な色彩が強かったと考えられる。

整然とした街路、完備した上下水道、日本国内と肩を並べる設備の病院・学校、こうした満鉄付属地の整備は日本による満洲経営の成果であったが、その建設と運営は満鉄の台所を悩ます問題でもあった。満鉄の事業経営において、地方経営は常に赤字であった（表8）。一九二五年以降では地方経営の赤字は一〇〇〇万円をこえている。もっとも、満鉄による付属地経営は収益を目的としない公共的な要素を含むので、もともと収支の均衡をとることは難しかった。

満鉄が赤字を補塡しなければ付属地経営は破綻するという状況であったが、満鉄の社宅の家賃は無料であった。一九一六、七年ころ小学校一年生の時に撫順にやってきた江上照彦は、社宅には「電灯はもちろん、中央から送られてくるスティーム暖房」があり、「藁葺《わらぶ》きや瓦屋根の木造家屋で、薪で煮炊きし、水も井戸から汲んで飲むというような内地の生活様式」と比べるならば、「驚くべくモダン」だったと回想している[25]。だが、職員よりランクの低い傭員には条件の悪い社宅が割り当てられた。例えば、撫順に赴任したある日本人傭員の奥さんは、日本国内で住んでいた住宅よりも劣悪な社宅をあてがわれ、なぜ、はるばる満洲までやって来て、日本にいたときよりみすぼらしい住居に住まなければならないのかと嘆いていた[26]。

満鉄付属地の特徴として、付属地は満鉄が人工的に建設したものであり、中国人が建設した城市を基礎にしてはいなかった点が指摘できる。中国人が建設した城市をもとにつくられた満鉄付属地は一つもない。とはいえ、満鉄付属地と中国人の城市が無関係にあったわけではなく、両者の関係は以下の三つのタイプにわけられる。第一には付属地と城市が比較的近かった所（奉天、遼陽、鉄嶺など）、第二に付属地と城市が離れていた所（開原、昌図など）、第三に付属地だけで近くに城市は存在しない所（公主嶺、大石橋など）である。

中国人に影響をおよぼしていたのは、第二のタイプであった。付属地は満鉄開業後に物資の集散地となり商業取引の中心地になったため、城市から付属地に活動場所を移す中国人商人が多かった。例えば、開原城は開原付属地から約一〇キロも離れていたので、開原城はその商業機能を開原付属地に奪われてしまい、経済的中心地としての役割を低下させていた。中国人は開原付属地を鉄道の駅があるため「鉄開原」とも呼び、その商業機能の活用を目的に開原城から移動してきていた[27]。

中国人が満鉄付属地に住む場所を確保するのは面倒であった。付属地は満鉄の所有地なので、家を

表9　満鉄付属地人口
—1931年—（単位：人）

付属地名	日本人	中国人
瓦房店	3,525	8,303
大石橋	3,678	5,081
営口	2,712	2,022
安東	12,300	43,632
鞍山	6,606	9,337
遼陽	4,668	6,089
奉天	23,739	18,496
撫順	12,300	50,625
鉄嶺	2,876	3,316
開原	2,487	18,799
四平街	4,153	12,715
公主嶺	2,302	10,084
長春	10,630	23,904

出典　満鉄経済調査会『満洲産業統計　昭和6年』1933年，174～175頁より作成.

建てるには満鉄から土地を借りる必要があった。中国人が土地の貸付けを受けることは、原則的には認められていなかった。このため、中国人は日本人が借り受けた土地を「又借《またが》り」する形式で土地を借りていた。借地権の譲渡、転売は禁止されてはいたが、完全な取り締まりはできなかったので、中国人が付属地に暮らすことを可能にしていた(28)。

中国人が満鉄付属地で家屋を借りるのは面倒なため、付属地に住む中国人は少なかったと類推できるが、実際にはその反対であった。満洲事変が起きた一九三一年の時点で、主要な付属地の人口構成を示したのが表9である。これによると、一三の付属地のうち日本人のほうが多いのは営口と奉天だけである。残りの一一の付属地は中国人のほうが多く、開原にいたっては日本人二四八七人に対して、中国人はその七倍以上の一万八七九九人である。付属地全体の人口でも日本人の総数は約一〇万人、中国人の総数は約二一万人であり、中国人のほうが二倍ほど多かった(29)。中国人のほうが日本人よりも多いという傾向は、〇九年以降一貫した傾向であった。

中国人のほうが日本人より多い満鉄付属地が多数存在したという事実は、付属地において中国人の勢力が相応に存在したことを推測させる。だが、付属地の企業を管轄する関東都督府が毎年刊行した『統計書』には民族別の動向に関する統計はなく、中国人商店・企業について知ることはできない。そこで、満鉄の刊行物のなかから付属地における民族別の企業動向について探してみた。満鉄は『沿線商工録』（刊行年度により名称は異なる）を刊行しており、一七年刊行の『満鉄沿線商工要録』には民族別の商工業者数が記載されている。表10はその動向をまとめたものであり、①日本人の商工業者がほとんどの付属地（大石橋、営口、安東、遼陽、奉天、鉄嶺、撫順、本溪湖）、②中国人の商工業者が多い付属地（開原、四平街、郭家屯、范家屯）、③両者ともに存在した付属地（瓦房店、公主嶺、長春）に類別できる。

表10　満鉄付属地の商工業者数—1916年—
（単位：社）

付属地名	日本人	中国人
瓦房店	10	7
大石橋	10	0
営口	34	0
安東	91	0
遼陽	35	0
奉天	111	7
鉄嶺	40	0
開原	20	41
昌図	6	1
四平街	5	49
公主嶺	16	27
郭家店	1	24
范家屯	1	25
長春	42	58
撫順	40	0
本溪湖	37	0

出典　満鉄地方部地方課『満鉄沿線商工要録』1917年より作成.
注　公費の戸数割が13等以上を対象にしている.

人口では中国人のほうが多かったこと、中国人商工業者のほうが多い付属地もあったことなどは、従来の研究では無視されてきた。付属地を拠点に日本人の勢力が強まり、日本の支配力が拡大する一方で、中国人の勢力は日本への従属を余儀なくされていたという図式だけでは説明できない事実も指摘したい。

満鉄付属地に暮らすか、その他の場所に暮らすかは、在満日本人のライフスタイルを決めるうえで重要であった。とくに日本人商人は付属地に店を構えるのと、付属地以外の場所で開業するのとでは、その営業スタイルは異なった。以下では奉天を事例に述べてみたい（図3）。

奉天の満鉄付属地で営業した日本人商人は在住日本人を顧客にしており、中国人を顧客にすることは考えていなかった。これに対して奉天城内に店を構えた日本人商人は中国人との取引を主にしていた。例えば、綿製品の輸入販売をしていた上田利一は奉天城内に店を出していた。大阪の綿糸布商の長男に生まれた上田は、家業の破綻、父親の死去を機に渡満を決意し、一九〇七年に扇利洋行の看板を奉天城内に掲げた。中国人を相手にした扇利洋行の経営は軌道にのり、上田は奉天では名の通った商人になった[30]。上田は満洲国建国後に開かれた貿易業者の座談会において、奉天城内の日本人商人は日本人を相手にする付属地商人とは違い、苦心して中国人と取引を行い現在に至っていると発言し、城内の日本人商人こそ日本製品の販路拡大の功労者だと誇らしげに語っていた[31]。

奉天城内で西尾洋行（雑貨の輸入販売）を経営した西尾一五郎は、満洲での商売について、次のよう

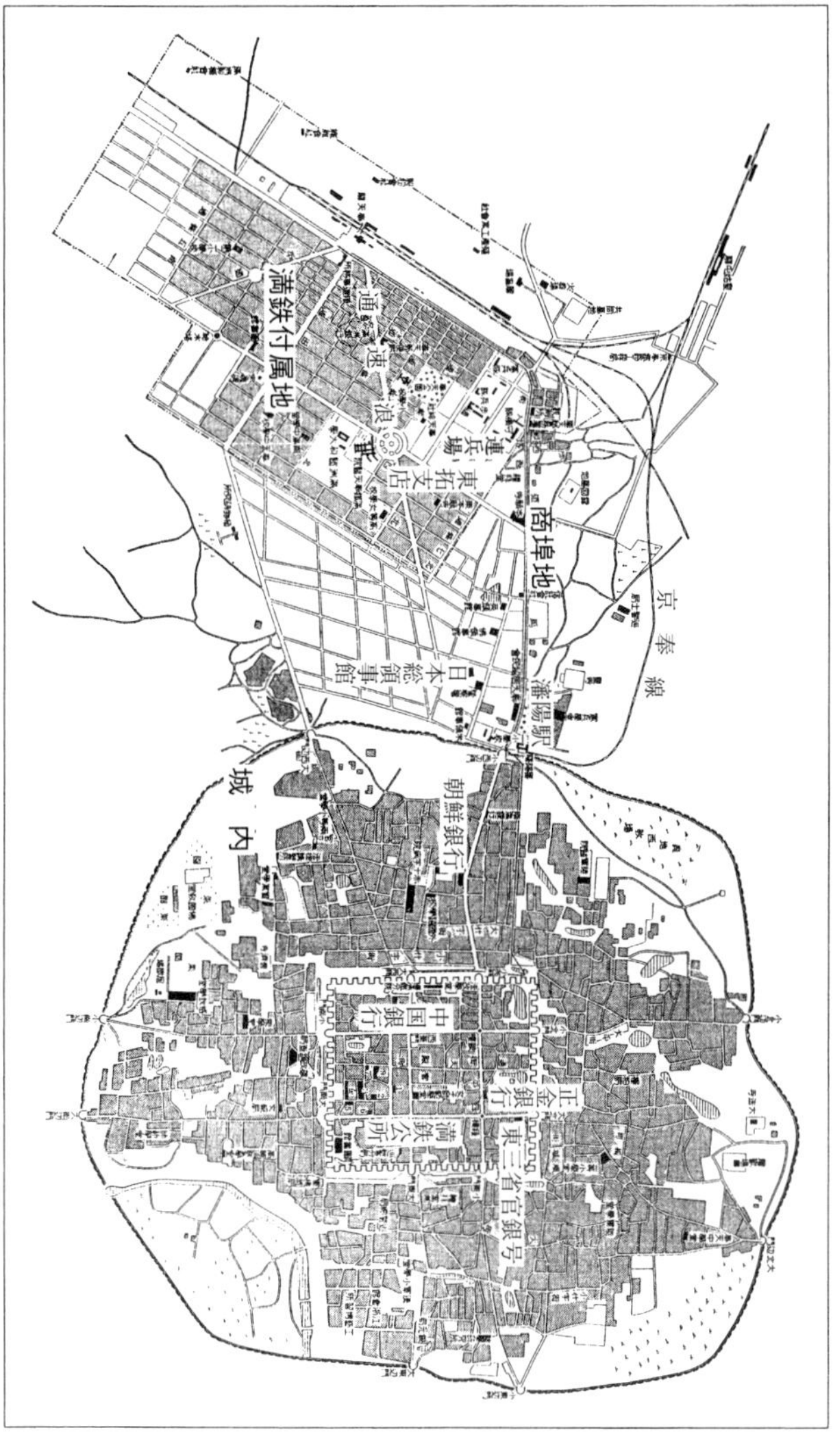

図3　奉天（瀋陽）市街図

出典　図2に同じ．前掲黒瀬，p131を参考にした．

に説明している。満洲で商売する際、まず日本人向けの商品をあつかうのか、中国人向けの商品をあつかうのかを決める必要がある。その理由は日本人と中国人に共通して売れる商品は少ないので、どちらかに顧客を決めないと商売は成り立たないからだと述べている[32]。

日本人と中国人両方の顧客でにぎわう商店の営業は、この当時の満洲では難しかったのであろう。それゆえ、顧客をどちらにするかにより商人は住み分けられ、その出店場所も異なったと説明できよう。

満鉄付属地に住む日本人にとって、中国人の住む城市と関係を持つ必要はほとんどなかったようである。満鉄が精力的に付属地の整備をしたため、たいていの要件は付属地内ですますことができた。城市にある中国人商店で買い物しようにも、言葉は通じないし、通貨も違うし、何よりも日本人が欲しい物は並んでいなかった。満鉄社員として一九二〇年代後半に奉天の付属地で暮らした日本人は、付属地の外は日本人にとっては用のない場所なので行くことはなく、そのため毎日狭い付属地のなかで過ごしたので、退屈で味気ない生活であったと回顧している[33]。

もし城市に知人がいて電話をしようにも、満鉄付属地の電話では城市の電話にはかからなかった。中国側の行政下にある電話は中国側の電話局が管轄し、付属地の電話とは接続していなかった。このため付属地から中国人に電話をかけたいときは、中国側の電話局と契約して別に電話をひく必要があった。大正期に満鉄沿線で開業していた日本人商店の広告を見ると、「電話日一一一、中二二二」

などと書いてある。この広告は付属地の電話を持つとともに、中国側電話局の電話も持っていたことを示している。だが、中国側電話局の番号を広告に載せている日本人商店はわずかである。この点からも、日本人商店の多くは中国人商店に電話する必要のない営業活動をしていたことがうかがえる。電話がかからないのは不便だとする声が強くなり、部分的には相互通話が可能となった。だが、満洲全域の電話が一元的に管轄されるのは満洲国期になってからである(34)。

満鉄付属地は満鉄の所有地であり、行政権の一部を満鉄が司《つかさど》るという、満鉄の影響力が強い場所であった。それゆえ、満鉄と付属地の住民は、あたかも「地主又ハ家主」と「借地人又ハ借家人」のような関係にあると揶揄《やゆ》されていた(35)。付属地の日本人は満鉄の影響力から自由であることは難しく、満鉄の言うことに従わなければならない状況下にあった。その反面、付属地の日本人には満鉄が何でも解決してくれるという、満鉄への依存心が生まれていたと考えられる。

4　東支鉄道沿線の日本人

満州北部は人口希薄な荒野が広がる場所であったが、一九世紀末に東支鉄道が建設されたことにより沿線は開発され、移住する人も増えた。とはいえ、主要駅からはずれた場所に住む人は少なく、大きな都市はハルビン、チチハル、寧古塔ぐらいであった。日露戦争後に満洲里、ハイラル、チチハル、ハルビン、寧古塔が開放地になったことから、これらの都市に移り住む日本人もいた。

沿線のなかで最も人口が多かったのはハルビンであった。ハルビンは東支鉄道の建設以前では寒村にすぎなかったが、満洲事変前には約四〇万人が住む、大連や奉天と匹敵する大都市に成長した。ハルビンで最多数を占めたのは当然のことながら中国人であったが、ロシア人も多かった。ロシア人は一九一六年では約三万四〇〇〇人を数え、ロシア革命後に急増し、ピーク時の二二年では約一五万人に達した。その後は減少し、満洲事変が起きた三一年には約二万七〇〇〇人に減っていた。ロシア人、中国人に比べて日本人は少数であり、満洲事変時の三一年でも約四〇〇〇人に過ぎなかった(36)。

第一次大戦前にハルビンを訪れた日本人は、在住日本人について、「人間らしい者と言へば、領事館員と三井物産の支店員、其他少数の人間」に過ぎず、一〇〇〇人ほどいる日本人のうち売春婦が三〇〇人以上もいると述べている(37)。日本人の経済活動は振るわず、目立つのは売春婦という状況であったが、商売で成功する日本人もいた。

辻光は一九〇六年に東京外国語学校露語科を卒業し、満鉄に入社したが、〇九年よりハルビンで雑貨をあつかう日満商会に勤務した。一八年の北満電気会社の創立に際しては重役に就任し、以後ハルビンの有力実業家になった(38)。横田提壽も東京外国語学校露語科を一二年に卒業し、満鉄に入社した。一六年に満鉄を退社して商売の道に進み、二四年からは麻袋の輸入販売を独力で始めた(39)。両者はロシア語に堪能であったことが、ハルビンでの活動を支えたと考えられる。中国語に堪能なことから成功した日本人もいた。池永省三は〇九年に上海の東亜同文書院で中国語・中国事情を学び、卒業後は営口の小寺洋行に勤務した。満洲各地の勤務を経て、一六年にハルビン出張所の主任になった。二二年に小寺洋行を退社し、二五年からはハルビン銀行の代表取締役をつとめた(40)。

一口にハルビンと言ってもその面積は広く、ハルビンの全域に日本人が住んでいたわけではなかった（図4）。ハルビンは鉄道駅を中心に新市街（南崗）、埠頭区（道裡）、傅家甸（道外）などの地区からなり、日本人の多くは埠頭区に住んでいた。埠頭区は外国人商人が集まる商業街であり、横浜正金銀行や朝鮮銀行といった金融機関の支店や、三井物産や三菱商事などの支店がある場所であった。またハルビン銀座として有名なキタイスカヤ（中央大街）があり、ロシア情緒を感じる場所でもあった(41)。

ロシア情緒の漂う埠頭区とは対象的に、傅家甸は喧騒《けんそう》にあふれた中国人街であった。住民の七割は労働者や小売商人といった下層の中国人が占め、市街は不潔であり、ひとたび雨が降れば道路はぬかるみ、歩行は困難を極めた(42)。傅家甸には少ないながらも中国人に混じり奮闘する日本人もいた。加藤米吉は一九〇九年から傅家甸で醤油の製造販売をはじめた。加藤はロシア人や中国人の好みに合う醤油をつくり出したことから、その販売は順調に伸び、「醤油王」の名称で呼ばれるまでになった(43)。もっとも、危険も存在した。二六年六月に加藤の商店は中国人強盗に襲われ、その際強盗の発砲で加藤自身も傷を受けた(44)。

ハルビンで活動した日本人は、何でも満鉄が保護してくれる満鉄付属地に住む日本人とはやや違っ

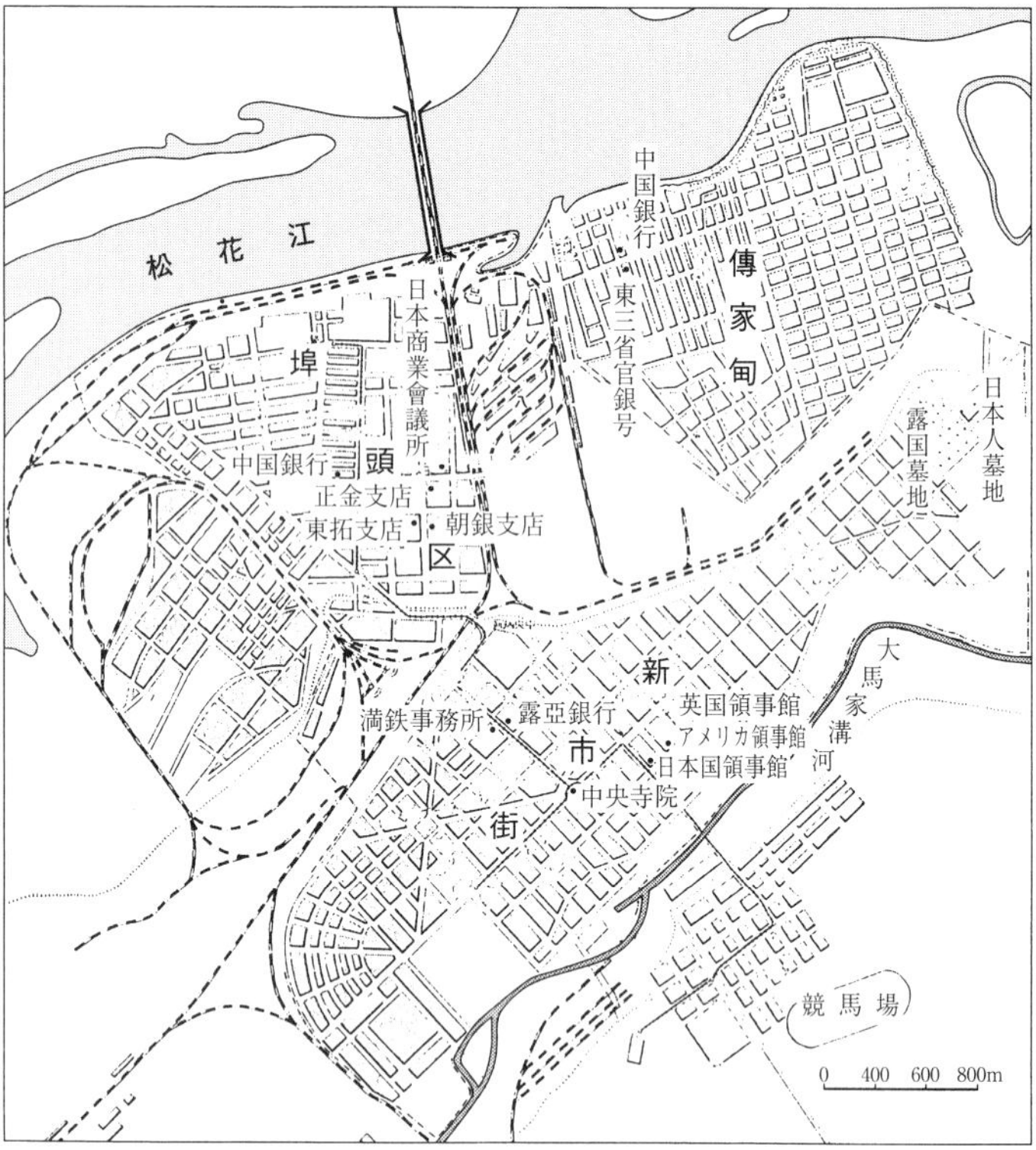

図４　ハルビン市街図
出典　図２に同じ．前掲黒瀬，p127を参考にした．

たようである。一九一一年にハルビンを訪れた日本人は、満鉄沿線の日本人は共食い的な生活をしているので姑息《こそく》な感じを受けるが、ハルビンの日本人は日本人以外を相手に生計を立てているので進取の気持ちに富んでいると語っている(45)。こうした観察をする日本人もいたが、日露戦争後に東支鉄道沿線にやって来た日本人の評判は概してよくない。

ハルビンの川上総領事が一九〇七年に出した報告には、チチハルには五〇名前後の日本人がいるが、「近来南満洲秩序恢復《カイフク》ニ伴《トモナ》ヒ、不良邦人ノ北満洲ニ入リ込ミ来リ、邦人ノ信用ヲ失墜《シッツイ》スル行為」をしているとし、南満から押し出されるように流入して来た、資質の良くない日本人について言及している(46)。チチハルよりさらに西側のハイラルや満洲里にも日本人は入り込んでいた。〇九年一一月に出された堺チチハル領事代理の報告には、ハイラル、満洲里には「不良ノ本邦人」が入り込み、チチハルの日本領事館から遠く離れているのをよいことに「無頼《ブライ》ノ徒《ト》、愈々跋扈《イヨイヨバッコ》シ良民ヲ苦」しめているとある(47)。

東支鉄道沿線で暮らす日本人は少なかった。一九二六年に行われた調査では、ハルビンに三三六六名、東部線沿線に三七二名、南部線沿線に九八名、西部線沿線に三一三名の合計四一四九名の日本人がいたとしている。全体の約八〇％がハルビンに住んでおり、ハルビン以外の日本人は八〇〇名に達していない(48)。つまり、東支鉄道沿線に住む日本人の大部分はハルビンで暮らしていたのである。

日本人が少ない東支鉄道沿線にわざわざ入り込んだ日本人は、どのような方法で生計を立てていたのだろうか。日本人は少ないので、満鉄沿線のような日本人相手の商売は難しかった。ならば中国人相手の商売が考えられるが、とても中国人商人に太刀打ちできなかった。そこで登場したのが禁制品である麻薬の密売と、日本人売春婦がいる料理屋の営業であった。

たとえば双城堡（南部線沿線）には、一九一六年末では一八二名（男四七名、女一三五名）の日本人がいた。その職業は「穀物商五戸、石炭商一戸、医院一戸、雑貨商五戸及料理店九戸（酌婦七二名）等にして、其他は悉《ことごと》く一定の生業」がないと述べられている。この報告によると、双城堡に住む日本人一八二名のうち約四〇％の七二名が売春婦だったのである(49)。

売春婦以外では売薬商を営む日本人が目立った。一九一七年の陶賚昭（南部線沿線）では日本人八戸のうち五戸が売薬商だった(50)。売薬商とはつまるところモルヒネやアヘンの密売商である。三岔口（東部線沿線）に住む大久保すぎ子はアヘンの密売で財をなし、付近の中国人からは「アヘン王」と呼ばれていた(51)。麻薬の密売商は小金を持つため、中国人の強盗から狙われる存在でもあった。例えば、三一年一月に安達（西部線沿線）で池田という雑貨商は「表面雑貨商ヲ営メリト届出テ居ルモ、事実ハ密《ヒソカ》ニ阿片煙館」を営んでいた。そのため「不正業ニヨリ最近相当蓄財」しているとの噂がたち、中国人の強盗に襲われ、殺害された(52)。

一九一三年に東支鉄道を利用した日本人は、沿線の日本人について興味深い観察を残している。この日本人は、万事がロシア語で伝達される車内の状況に不便を感じるなか、停車駅に着くと「夜見世《よみせ》の安人形が着る様な洋服を着た日本婦人」が必ず二、三人おり、客をひいていると述べている。また「大きな信玄袋や鞄を提げて」下車する日本人行商人も目につき、こうした行商人は「モルヒネの密売なんかをやるものが十中八九である」とも述べている[53]。一旅行者の限られた見聞でも、東支鉄道沿線で活動する日本人は売春婦と麻薬の密売人が主なことを見てとったのであろう。

日本人による満洲での麻薬の密売を、戦前日本の国家的犯罪だと指摘する意見もある。麻薬の密売は世界のどの場所であろうと、いつの時代であろうとも是認できない。満洲国下でのアヘンの栽培、販売が満洲国政府の指導により行われていたことは確かである[54]。しかしながら、満洲国以前の日本人麻薬密売商が日本国家の指導下で行動していたとは言えないであろう。むしろ日本人の密売商は日本側官憲の干渉を避けようとしており、日本側官憲も一応の取り締まりはしていた。日本人相手の商売ができない場所では、麻薬密売はたいした元手もなしに荒稼ぎできる商売だったのである。日本人が満洲で麻薬を密売していたことを正当化するつもりはない。東支鉄道沿線で日本人ができた仕事は少なく、それゆえ麻薬の密売に手を染めていたのであり、満洲という地域の特性に規定された在満日本人の行動様式を指摘したい。

東支鉄道沿線で日本人ができた仕事は少なく、日本とはまるで違う環境のなかに、あえて身を置こうという日本人は少なかった。一九二三年末から二四年にかけて満洲北部を視察した日本人は、日本人の活動が振るわない状況を見て、「日本人は結局日本人の組織する社会に於いて、日本人を相手に商売を営まなければ」やっていけない民族なのか、と指摘している(55)。

第一次世界大戦はハルビンの日本人にも大きな影響をおよぼした。一九一四年以降ヨーロッパ製品の出回りが減ったことから、日本製品の売れ行きは大きく伸びた。日本製品の需要増加を背景に、ハルビンで開業する日本人商店も増えた。一五年に開業した光武商店は綿製品、食料品などをあつかい、以後ハルビンでは一流にランクされる商店に成長した。光武商店の興隆は創業者である光武邦一の商才による面もあったが、弟の光武時晴の奮闘も大きかった。三六年に兄の邦一が死去した後は、弟の時晴が総支配人となり光武商店をきりもりした(56)。

さらなる活況はシベリア出兵によりやってきた。このときの活況はすさまじかった。一九一八年八月に日本軍がハルビンに到着すると、「昨日まで浴衣《ゆかた》一枚で就職に困った人々が、たちまちに数十金をもって大会社に聘《へい》せられ」、あらゆる品物が軍用品として買い込まれた(57)。外務省の調査報告は、一七年までは「邦人ノ会社組織ハ殆《ホト》ントナク」、わずかに北満製油会社（一三年設立、資本金五〇万円）、松花銀行（一四年設立、資本金一五万円）があるに過ぎなかったが、「偶々《タマタマ》日本軍ノ出兵ヲ見タルヲ以《モッ》テ其《ソノ》発展極度ニ達シ」、一七～一九年の三年間は「邦人発展ノ黄金時代」であったと述べている(58)。

戦争景気は日本軍が引き上げれば終る一時の狂乱に過ぎず、一九二二年一〇月に日本軍が撤退すると潮がひくように景気は減速した。日本軍の撤退後、ハルビン日本人居留民会は日本軍に依存した商売ができなくなり、景気は大きく後退したので北満開発の資金援助が欲しいという陳情を日本政府に出していた。(59) つまるところはハルビンの日本人も、満鉄沿線の日本人と共通した特性を持っていたのである。程度の差こそあれ、苦しくなれば日本政府を頼るというのが、在満日本人の行動パターンだと言えよう。

5　満鉄の重役と社員たち

満鉄は後藤グループを中心に経営が進められ、順調に収益をあげ続けた。そうした満鉄に目をつけたのが政友会であった。一九一三年二月に首相、外相、陸海軍大臣以外の閣僚は政友会が占めた山本権兵衛《ごんべえ》内閣が成立した後、政友会は満鉄への影響力拡大を画策した。その中心人物は内相に就任した原敬であった。原敬は中村総裁を更迭《こうてつ》し、政友会と関係のよい野村龍太郎（在任一三年一二月〜一四年七月）を総裁に送り込むことに成功した。また副総裁には政友会幹部の伊藤大八を送り込み、満鉄に政友会の勢力を食い込ませようとした。以後満鉄の総裁・重役人事は国内政争の影響を受けることになる。(60)

野村総裁、伊藤副総裁の新体制の発足後、後藤グループの理事は次々と満鉄を去り、満鉄首脳部の様相は創業期とは異なるものへと変わった。そうしたなか、一九一四年五月に職制を合議制から部局制へ変更したのを発端に、伊藤副総裁と犬塚信太郎理事（後藤グループ）が衝突し、犬塚理事が辞職するという事件が起きた。これを契機に野村総裁、伊藤副総裁排斥《はいせき》の声が高まり、一方日本国内の政局も一四年四月に反政友会系の第二次大隈重信内閣が成立したため、野村総裁、伊藤副総裁は辞任に追い込まれた。[61]

次の総裁には政友会色を持たない中村雄次郎（在任一四年七月〜一七年七月）が就任した。中村総裁の次は後藤グループの国沢新兵衛が理事長（理事長制へと変更。在任一七年七月〜一九年四月）になった。国沢理事長は国内政争とは距離を置いた重役人事を行うとともに、創業以来の社員であった川村鉚次郎と久保要蔵を理事に抜擢《ばってき》して、社内体制を固める努力を行った。

ところが、一九一八年九月に原敬内閣が成立すると、またもや政友会による干渉が始まり、再び野村龍太郎が社長（社長制へと変更。在任一九年四月〜二一年五月）として満鉄の頂点に座った。野村社長時代は、第一次大戦後不況によるリストラや政友会との癒着《ゆちゃく》による汚職事件の発覚などがあり、「満鉄の騒擾《そうじょう》時代」と言われた。[62]

政友会が満鉄に影響力を伸ばしたのは、当然のことながら満鉄を利権の一つと考えたからである。満鉄の重役ポストや満鉄が生み出す利益は、当時の政界では「うまみ」のあるものと映ったのであろう。政友会は間接的ではあるが、運動資金の提供を満鉄から受けていた。そのなかでも問題化したのは、塔連炭坑の買収にかかわる疑惑であった。この事件は政友会の森恪が副社長の中西清一（野村社長と同時に就任し、原敬の腹心でもあった）に所有する塔連炭坑の買収を頼み、中西は副社長の権限を利用して、その買収に応じたというものであった。買収の過程で資金の一部が政友会の運動資金に流れたという疑惑が生じ、一九二一年に議会で取り上げられた(63)。

塔連炭坑事件の責任をとって野村社長は辞任したが、原敬内閣以後も高橋是清《これきよ》内閣、加藤友三郎内閣、第二次山本権兵衛内閣といった政友会単独・提携《ていけい》内閣が続いたので、重役には政友会の息のかかった人物が送り込まれた。社長には原敬内閣の時に勅選議員に選出された早川千吉郎（在任二一年五月〜二二年一〇月）が就任した。不幸にも早川は急死してしまい、その後任には原敬内閣のときに内務省警保局長を務めた川村竹治（在任二二年一〇月〜二四年六月）が社長に就任した(64)。

社長、重役たちが国内政争により入れ替わるなか、課長クラスは帝大卒生が多かった。第一次大戦期に入社した帝大卒生も、創業期に入社した帝大卒生と同様に入社後一〇年前後で課長に昇進していた。例えば、太田雅夫は一九一七年に東京帝大法科を卒業し、一九年に入社した。二七年に奉天地方事務所長、三一年に地方部学務課長に昇進している(65)。猪子一到は一四年に京都帝大工科を卒業し、同年入社した。入社から一八年かかったが、三二年には鉄道部輸送課長になった。その後も昇進を続け、三八年にはなんと満鉄理事に就任した。課長までは長かったが、課長のなかで理事に就任したのはごく少数なので、課長以後の昇進には目をみはるものがある(66)。

帝大卒生とは対称的に、私立大卒や高等商業卒の社員の昇進は滞《とどこお》っていた。今西荒爾は一九一六年に早稲田大学法科を卒業し、同年入社した。入社後は地方部衛生課などに勤務し、三四年には中央試験所庶務長になった。だが課長には昇進せず、三九年に満鉄を辞した[67]。稲葉賢一は二〇年に明治大学を卒業し、同年に入社した。社長室や地方部に勤め、二八年には営口地方事務所の庶務係長になった。満洲国期も満鉄に勤務したが、結局課長にはなれなかった。そのためか、稲葉は満鉄を辞めて三七年に遼陽市長になるという、満洲国の行政職への転身をはかっていた[68]。二〇年に小樽高等商業を卒業して入社した福原昌龍は用度課畑の仕事に従事し、二七年には大連用度事務所購買係主任になった。三二年に満鉄から吉長吉敦鉄路局に移って用度課長に就任した。つまり満鉄では課長にはならず、他へ移り課長になったのである[69]。

学歴別に社員の気質を揶揄した文章が、満鉄社員の雑誌であった『読書会雑誌』に掲載されている[70]。それによると、帝大卒は課長以上はみな大学の先輩だから出世は難しくない。いつ留学の順番が来るとか、主任課長の席が空くのかなどに心をくだいている。だけど現在の仕事は腰掛け気分で、事務の習熟より横文字の新聞を読むのに余念がない。私立大学卒はとにかく帝大卒への対抗心が強くて困る。横文字くらい自分も読めるとしながらも、やがてこっそりしまってしまうという所に負い目があるらしい。官立専門学校卒は法律や経済の実務に通じているのをよいことに、自分は不可欠な人材だとプライドの高い「一人息子」のようだ。中学校卒は満鉄の事務の大部分は自分らが支えているという自負はあるものの、大学卒には言い様のないコンプレックスを持っている。小学校卒は学歴はないが事務上の手腕と真面目さがある。この二つを武器にがんばるんだと意気込んでいる、とそれぞれの社員を形容している。昇進に個人の能力が関係なかったというのは言い過ぎだが、満鉄は学歴がかなり幅をきかす会社であったようだ。

満鉄社員と一口にいっても、その仕事内容は鉄道業務から鉱山、埠頭、地方事務所、学校など多岐にわたった。大連に現存する壮麗な満鉄本社でデスクワークする社員は、全体から見ればごく少数であった。社員の間でも事務畑と現業畑には目に見えない軋轢《あつれき》があった。社屋で書類を相手にしている事務員と、列車や線路を相手にしている現業員とでは日々の業務内容に隔たりがあり、相互に相手の仕事を理解していなかったようである(71)。

鉄道運行にあたった現業員のなかでも、線路工夫は他の社員から「最下級の無能社員」だと見下されていた。肉体労働に汗を流す線路工夫を見て、「何も満洲まで来て力仕事をする必要はないだろう」と思う日本人が多かったのであろう。こうした風潮に、ある線路工夫は「紳士と呼べとは言はないけれども、一般職員や労働の少ない傭員のみで、満鉄の大世帯が完全なりとは言ひ得ない」と主張していた(72)。

現業員が上級社員に持つ不満は、『読書会雑誌』にしばしば掲載されている。現場の悩みを理解せず、学歴にものを言わせて社内昇進をはかろうとする上級社員に対し、「労働の真の味は何々学校と云ふ工場から生産された製品共に分る筈がない」と憤懣《ふんまん》をぶちまける現業員もいた(73)。帝大卒は高給をもらって事務所のデスクで書類に向かい、現業員は雨風をものともせず働いても薄給に甘んじる、というのが満鉄の現実だったのだろうか。

現業員の職場のなかでも、敬遠されたのは田舎の中間駅勤務であった。一九二〇年代に中間駅に勤務した駅員は、「ともかく淋しいし、買い物には不自由だし、世間並の娯楽も味わえず、刺激がない」とし、中間駅には主要駅では使えない社員が回されてくるが、「中間駅じゃ、何もかも駅長の下で万事やるので、頭のよい気の利いたものが欲しい」と述べている。また「狭い処だから奥さんがお粗末だと波乱を起こす」心配があり、かといって独身者ではさびしすぎて耐えられないだろうとも述べている。(74)

満鉄の社員数は一九一九年まで増加傾向（〇八年は除く）にあったが、二〇年六月に一大整理を行った。この時は職員五一四名、雇員七八六名、傭員六二〇〇名、総計七五〇〇名という大規模なリストラを断行し、満鉄は経営の立て直しをはかった。(75)リストラ後、冗員はいなくなったかというと、そうではなく、二一年に入社した社員は「社員の数が多すぎ」るし、「二時間で出来る仕事」を「四時間位に引延して」いるような社員が多いと指摘している。(76)また、満鉄の仕事振りは「スピードの遅い方から数へて官庁の次位」ぐらいだと指摘する社員もおり、効率的な社内業務は行われていなかったようである。(77)

一九一九年一〇月に満鉄は物価騰貴《とうき》から社員を守るため、満鉄消費組合（二五年四月に満鉄社員消費組合に改組）を設立した。満鉄消費組合で売られた商品の販売価格は市価より安く、また買うときに現金の必要はなく、組合発行の通帳を使い、代金は給料から引き落とされたことも手伝い、組合を利用する社員は多かった[78]。多数の社員が行う購買活動を管理するのは大変であり、組合からの請求額が違うとか、買った覚えのない商品代金が請求されているなどのトラブルが生じていた。また、通帳を騙《だま》し取る詐欺行為も存在したので、「通帳は金銭と同様に考えませう。紛失と盗難のないやう大切に致しませう。見知らぬ人に渡さないやう注意致しませう」という標語をつくり、社員に呼びかけていた[79]。

満鉄消費組合は社員にとって便利なものであったが、不満を持つ人もいた。通帳は職員と傭員とでは異なっていた。ある傭員の奥さんは分配所で傭員用の通帳を出すと、組合員の対応が変わるので、職員と同じ通帳にして欲しいという要望を出していた。これに対して組合は、職員と傭員で対応を変えているつもりはなく、傭員は日給制なので月給制の職員と同じ通帳では不都合だと回答した[80]。職員と傭員の間の越えられない壁は、日常の消費行為にまで及んでいたのである。

満鉄消費組合の活動が社員の生活を便利にしていたことはまちがいない。だが、その便利さは満鉄社員およびその家族の生活から、中国人社会との接触を奪う役割も果たした。組合の分配所で買い物するならば、中国人と接触することなく、日本人だけを相手に生活することができた。また通帳を使い、貨幣を使わなかったため、後述する金銀比価の変動などを考える必要性はなかった。社員の生活上の利便性を追求した結果、日本人だけで生活できるシステムが作り上げられた。満鉄社員にとっての便利な生活とは、日本国内と同じように、日本人だけの集団で生活することだったのだろうか。

一九二〇年六月のリストラ後も満鉄の業績は伸び悩み、その後も何回も社員を整理していた。なぜ二〇年代に満鉄の業績は伸張しなかったのかは、第五章で検討してみたい。

四　在満日本人の社会生活

1　住民自治の問題点

在満日本人の人数が増えたことから、自治組織をつくり、自分らの意向を政治的に反映させせたいという意見が主張されるようになった。例えば、一九一三年八月に大連市民の有志は自治組織の設置を求める嘆願書を大連民政署に提出した。その理由として、大連は急速な発展を遂げたにもかかわらず、市民による自治組織が存在しないため市民の統一ができない点と、日本各地から来た寄り合い集団のため、結束をはかる目的からも自治組織は必要だという二点をあげていた(1)。

他方、自治組織の設置に反対する声も存在した。日露戦争前から満洲で活動した川上賢三は、自治運動は「一部上流階級の人々に起こつた」、「小児が新しい玩具を欲する如く、何かと大連にも新しい看板」をかけたいという心理に起因しており、多数の人が望んでいるわけではないと主張した。そして、大連のような租借地では住民自治よりも官庁主導のほうが適当だと述べた(2)。

市制導入について賛否両論が唱えられるなか、関東都督府は一九一五年九月に「大連及旅順市規則」を公布し、大連市役所を設けた。大連市役所は自治的機能を持つため、市会議員の選出が行われた。だが、その半数は官選、残りの半数は官選議員の選挙により選出されたので、市会議員は住民の意向とは無関係に選ばれていた。(3)

『満洲日日新聞』は一九二一年六月から七月にかけて「大連市制の将来」という論説を連載し、自治組織の必要性に関する意見が交わされた。注目すべき意見として、市会議員の田中剛輔は、官治主導は時代に逆行するとしながらも、「租借地は内地と趣を異にして居り、内地同様の事を望んで」も無理だとし、「アカシヤは台湾には不向であると共に、パインアップルは満洲には育ちかねる」ので、官民協力が大事だと主張した。(4) また、日露戦争に従軍記者として渡満し、大連で事業を始めた新開貢（大連市会議員）は、大連市民の様子を見るならば、「永住的観念もなければ、又墳墓の地とも定めて居ない」ので、大連市民に自治を求めても「木によつて魚を求めんとする」に等しいと述べていた。(5)

田中剛輔は大連が日本の租借地だという特徴から大連市制を考える必要があると主張したのに対して、新開貢は大連に住む日本人の状況から大連市制のあり方を構想すべきだと主張したのである。

こうした議論が行われるなか、関東庁は市会議員を三〇名から三六名に増やし、一八名を官選、一八名を民選にすることを一九二一年一一月に発表した。半数とはいえ、選挙により市会議員が選ばれることになった。選挙権は「帝国臣民である二五歳以上の男子」、「二年以上市税五円以上を納めた人」

に与えられ、選挙は翌二二年二月一日に実施されることになった。(6) 選挙権は帝国臣民に限られたので中国人には与えられなかった。しかし、官選議員一八名のうち六名は中国人より選出することが決められた。

一九二二年二月一日に実施された大連最初の選挙は、初めてということもあり混乱を極めた。選挙会場が大連市役所一ヵ所のため殺到する有権者をさばききれず、終日有権者で選挙場はごった返した。あまりの混雑に棄権する人もいたが、五六〇〇名の有権者中、四九一〇名が投票した。投票率は実に八七・七%という高い数値であった。(7) 第一回の選挙は大混乱のうちに終わったが、大連市民に選挙とはどういうものかを教えた点では一定の役割を果たしたと言えよう。

大連市制は日本国内の市制に準じた「関東州市制」が一九二四年五月に公布されたことにより、制度的には自治機能は強化された。しかしながら、依然として中国人に選挙権はなく、官選により七名の中国人議員が選出されるに止まった。(8) 市民税を納める中国人は税金を払いながら何の見返りもないという不満をもらしていたが、敗戦まで中国人に選挙権はなかった。(9)

満鉄付属地には自治的組織として、一九二一年に地方委員会が組織された。地方委員会を構成する地方委員は、付属地居住者が行う選挙により選ばれた。地方委員の選挙権資格はいささかユニークな内容であった。満鉄が付属地居住者から徴収する公費を払っているならば、国籍、性別、年齢に関係なく選挙権を持つことができた。規定上では中国人の二〇歳未満の女性でも、公費を納入さえしてい

れば選挙権は与えられた。しかしながら、実際に公費を納めていたのは日本人の成年男子が多数であった。(10)

二年に一回行われた選挙で選ばれた地方委員は、付属地住民の民意を満鉄の付属地行政に反映させる役割を担っていたが、問題も抱えていた。第一に、大連の市議会とは異なり決議権を持っていなく、満鉄地方事務所長の諮問《しもん》機関にすぎなかった。したがって地方委員会が意見を具申《ぐしん》しても、満鉄地方事務所長が採用しなければそれまでであった。第二に、付属地住民の多数は満鉄関係者のため当選者は満鉄関係者で占められた。例えば、撫順では有権者の八割は満鉄関係者のため、必然的に当選した委員のほとんどは満鉄関係者であった。(11)選挙を行う付属地住民にも、しらけた気分が存在した。鉄嶺では、「満鉄社員が多数を占めて居るし、諸般の施設に就《つい》ても幾《ほと》んど満鉄の出資に依《よ》るので有るから」、満鉄の言う事に従わざるを得ず、地方委員会の選挙は無意味だという主張が唱えられていた。(12)第三に、公費を払っていれば委員になれる資格があったので、中国人でも当選した人はいた。しかし、議事は日本語で行われるため中国人の地方委員が議論に加わることはなく、人数合わせに座っているにすぎなかった。(13)

こうした問題を持つ地方委員会を改組して、付属地に完全な自治制度を導入する意見も出された。とくに満鉄への依存心を軽減し、居住民に一定の責任を負わせ、独立自営心を育成することが叫ばれた。(14)だが、自治制度の導入は見送られた。その理由は以下の二点にあった。一つは、付属地の住民数は少なく、財政面で独立できるだけの税収を得ることは難しかった点である。付属地の財政は満鉄の補助金に依存する割合が大きかったことは既述したが、財政面で満鉄に依存しながら、自治制の導入などできるわけはなかった。二つめとして、付属地住民の自治訓練が十分になされていなかった点があげられる。付属地の住民の大半は満鉄社員か満鉄に依存して生活する人であったので、満鉄への依存心が強く、自らの自治機関を運営しようとする気概に欠けていた(15)。

地方委員会のあり方からも、付属地に住む日本人は満鉄という「親方」への依存心が強かったことが確認できる。

2　馬賊と満洲社会

満洲と聞くと馬賊《ばぞく》を連想する人は多いかもしれない。武装した騎馬集団が大挙して押し寄せ略奪をはたらく光景を、満洲の日常と思っている日本人は現在でもいる。確かにこうした光景は満洲の各地で見られたが、日本人が住む大連や満鉄付属地ではほとんど見られなかった。満洲に行くと馬賊の襲撃を受けるというイメージは、日本人が考える馬賊の内容に混乱があったからである。

馬賊とは、馬に乗った略奪集団という理解が一般的である。ところが、日本人が馬賊と呼んだ集団を検討すると、その内容はさまざまなことに気づく。まず警察力の及ばない、人里離れた山塞を根城にした強盗団を馬賊と呼んでいた。この集団は職業的馬賊とでも呼べよう。都市部での強盗騒ぎも日本人は馬賊の犯行だとしていたが、そのほとんどは無頼漢《ぶらいかん》による窃盗行為だと考えられる。交通の不便な地方では、通常は農業や商業を営んでいるが、不案内な旅行者が通りすぎたりすると略奪者に早変わりする中国人もいた。かかる中国人のことも日本人は馬賊と呼んでいた（匪賊《ひぞく》という言葉も使われた）。日本人は馬に乗った略奪集団だけを馬賊と呼んだのではなく、略奪や強盗をはたらく中国人も馬賊という言葉でひとまとめに表現していたようである。

治安が維持されていれば、当然のことながら馬賊は活動できない。しかし奉天や長春などの市街地であればまだしも、満洲の広大な農村部の隅々にまで警察力を及ぼすことは、無理なことであった。また、治安を維持するはずの警察官もあまり頼りにならなかった。中国側の警察官のレベルが低かったことは後述するが、なかには馬賊と通じて略奪を見逃すかわりに報酬をもらったり、武器や弾薬を馬賊に売り付ける警官もいた(16)。

中国側の軍隊もあてにならなかった。軍隊にいる間は兵隊だが、軍隊を去ると匪賊になる人が多いので、「兵匪不分」（兵隊と匪賊は同じ）という言葉が使われていた。その採用もいいかげんであり、「苦力（クーリー）」を日給二〇銭で雇った傭兵が大半を占めたという観察もあった(17)。質の低い兵隊が多かったため、武器を持ち逃げする逃亡兵も多く、馬賊にとって逃亡兵は銃器、弾薬の供給源にもなっていた。それゆえ軍隊の上層部は、兵隊が馬賊の側に武器を持って寝返ることを警戒していた。

どれくらいの逃亡兵がいたのか、一九二三年に発表された吉林省の数字では、二二年の逃亡兵は合計二七四〇名、二三年一月〜四月は合計五一五名としている(18)。

陸軍軍人の経験を持ち、満洲で活動した日本人に八木象次郎という人物がいた。八木は一九二三年に陸軍を退き、満鉄の関連企業である札免採木公司（二二年設立、日本・ロシア・中国の合弁会社）という、東支鉄道西部線沿いにある林区での森林伐採と木材販売をする会社に勤めた。そのため八木は東支鉄道沿線の状況に詳しく、「東支鉄道沿線の一隅より見たる現代支那の世相」という小冊子を書き、自己の所見を述べている(19)。軍人出身だけに、中国軍についての観察は興味深い。

八木は東支鉄道沿線に駐屯する中国軍は名目的には軍隊と名乗っているが、労働者になるのが嫌な輩《やから》が兵隊になっており、実態は「怠け者と無頼子の集団」であると述べている。日常的な訓練は行われていなく、戦闘ができるレベルにはない軍隊だとも指摘している。一般に兵隊の給料は低く、給料だけではとても生活できないため、兵隊であることを利用して、一般人から金品を強奪することが横行していたという。馬賊の討伐に軍隊がやって来た場合でも、住民は軍隊が来たことを喜ぶのではなく、他所に財産をかかえて逃亡したり、かたく門を閉ざしたりして、軍隊の徴発から逃れようとしたと記している。つまり住民は馬賊よりも軍隊のほうを恐れていたのである。

こうした状況は現代の日本人からは想像もできないことである。二〇世紀前半の満洲においては馬賊＝略奪集団、軍隊＝住民の安全保護、といった固定観念はあてはまらなかったと思われる。

馬賊に身を投じる日本人もいた。そのなかでも有名なのは伊達順之助や小日向白朗であろう。山本菊子は「満洲お菊」の名で馳せていた。これらの人物にはさまざまな脚色がつけられ、現在その実像に迫ることは難しい。小日向白朗（馬賊名は尚旭東）は戦後の対談のなかで、一口に馬賊といってもさまざまな人がいたことを述べている[20]。

ここでは『外務省警察史』に収録されている、根本市郎という日本人馬賊の事跡をとりあげたい。一八九七年に福島県で生まれた根本は、一九一七年に鉄道守備隊の隊員として開原にやってきた。除隊後の二〇年に磐石県煙筒山で表面は質屋を営みながら、裏ではモルヒネの販売をはじめた。二三年にモルヒネを売り歩くなかで馬賊と知り合い、これに加わった。しかし、二四年に帰順して桓仁《かんじん》県駐在の中国軍の一員となった。軍隊生活を送っているなか、どこで日本の領事館が知ったのか、身柄の受け渡しを求める公文が出されているのを見た。いまさら日本に戻るつもりのない根本は軍隊を逃亡し、再び馬賊となった。そして、馬賊として行動しているところを中国側の警察により逮捕された。

逮捕後に根本が述べた供述書には、馬賊が具体的にどのような活動をしていたのか、その実態に迫れる内容がある。根本が加わった仁義軍という馬賊は、人数約一二〇〇名、日本の三八式小銃約三〇〇挺、中国式小銃約三〇〇挺、モーゼル拳銃約二〇〇挺、小拳銃約一五〇挺、機関銃二挺を備え、弾丸は多いときには一人二〇〇発を携帯したという。移動時は人家を徴発して宿泊し、被害を恐れた住民が差し出す食料を食べた。根城の山塞は人里離れた奥地にあり、一年間ぐらいの食料が貯えられていた。人質を拉致《らち》すればこの山塞に監禁した。山塞には一二〇人前後の人質が監禁されており、山中の倉庫には人質と交換に得た現金が約八〇万ドルあったと述べている。人質は金を払えばすぐに釈放したが、払わない時には耳や指を切り取り、その家族におくったりもした。根本の他に五人の日本人がおり、一人は機関銃があつかえたので重宝がられていた。これらの日本人がどういう理由で馬賊になったのか、互いの経歴は話さなかったので知ることはなかったという(21)。

馬賊の主な収入源は人質を拉致して、身の代金を取ることにあったようである。集落を略奪することもあったが、これは反撃を受ける危険性も高いので、あまり割りの良い方法ではなかったのだろう。日本人のなかにも馬賊の人質となり、半年間山塞に監禁された人もいた(22)。

アヘンを不法栽培する農民から、保護を名目に上納金を受けとることも馬賊の収入源の一つであった。アヘンの不法栽培を取り締まる官憲側に対抗するため、アヘン栽培農家は馬賊と話とつけ、自分たちを守っていた。もっとも官憲側も賄賂をおくれば黙認してくれることが多く、アヘン栽培農家は馬賊と官憲を天秤にかけ、自分にとって有利だと判断した側に上納金を払っていた(23)。

関東州の大連に職業的馬賊は来襲しなかったが、大連以外ではその被害を受けることもあった。とくに関東州の北端にある貔子窩《ひしか》は、馬賊の跳梁《ちょうりょう》する場所として有名だった。貔子窩は関東州なので中国側の警察権はおよばず、日本側の警察に追われたときには州境を越えれば日本人警官は追撃できないという、略奪集団にとって活動するのに都合が良い場所であった。一九二三年には強盗・誘拐事件は六四件に達し、四月には約四〇名の馬賊が日本人派出所を襲い、日本人巡査一名が死亡するという事件も起きていた(24)。

中国側官憲は馬賊を討伐するだけでなく、その帰順もうながしていた。帰順した馬賊は軍隊に組み入れられ、軍功をあげれば出世もできた。周知のように張作霖は馬賊として活躍したが帰順し、その後権力の階段を上っていった。馬賊であったときには非合法的な存在であったが、帰順すれば合法的な存在になり、さらには権力者にもなれたのである。何が合法で非合法なのか、その基準は現代日本人の感覚からはかなり遠いと言えよう。

関東州、満鉄付属地の外は、こうした秩序意識を土台とした場所であり、満洲に暮らす中国人もかかる現実を受け入れた生活をおくっていた。そうした日々の暮らしのなかで中国人が出した答えは、警察にも軍隊にも頼らず、自ら武装して自分の身を守るというものであった。とくに富豪は馬賊の襲撃から財産を守るため、家の周囲には土壁やレンガ塀を築き、その塀の上には砲台を持つ見張り所を設け、私兵を雇って警護していた(25)。こうまでしなければ、生命・財産の安全を保つことはできなかったのであろう。また、一九一五年に満洲の東北部を旅行した日本人は、「支那人は極《ご》く寒村のものでも銃器に対しての知識」が深く、「日本人を初めて見るものでも、日本の銃と露西亜《ロシア》の銃の見分け」ができ、「大概の家にはスナイドルとでも云ふ様な旧式な銃」を備えていると述べている(26)。満洲の中国人にとって、銃は日常生活に深く入り込んだ必需品だったのである。

松花江沿岸の佳木斯にある中国人商店を訪ねた日本人は、その商店の応接間にも寝室にも鉄砲が置かれているのを見て驚き、防衛のためとはいえ、ここまでする必要があるのかと考えてしまった。そしてこの日本人は、日本人商人も中国人商人のように鉄砲をかついで、「自分自らを護《まも》りつゝ、どんな僻地《へきち》へでも入り込」み、「商圏の拡張と地方開発に努力すべき」だという意見を述べていた。だが、こうしたことを日本人に求めるのは、現実には無理であろう(27)。

中華民国政府や東三省の省政府は、在満日本人の生命・財産を保全してくれる拠り所にはならなかった。それゆえ、在満日本人は日本人の警察官や兵隊が駐在し、安全の保証された関東州と満鉄付属地での生活を余儀なくされた。活動場所に制限があった点も、日本人同士の「共食い商売」が生じた原因の一つだと考えられる。

一般的に人間は、自分が生きている社会を基準に他の社会を見る傾向がある。しかしながら、この世界には異質な価値観が多数存在することも認識する必要がある。二〇世紀前半の満洲において、日本人の価値観が通用した場所は大連や満鉄付属地などのごく一部に過ぎず、それ以外の場所では日本人の基準は通用しなかった。公の権力が暴力から身を守ってくれない状況などは現代の日本人には理解しがたいが、そうした事実を「異常」なことや「劣った」ことという認識ではなく、当時の状況にそくして理解する必要がある。

3　在満日本人を保護する警察・軍隊

馬賊の跳梁する満洲において、日本政府は日本人の安全を守るために、二つの系統からなる警察機構をつくっていた。一つは領事館に付属する外務省が管轄する領事館警察であり、もう一つは関東都督府が管轄する警察機構が関東州と満鉄付属地にもうけられた。だが、隣接した満鉄付属地と領事館管轄地で警察機構が異なるのは不便だという意見が出され、外務省の反対を押し切って、関東都督府の配下に領事館警察が入るという形式で調整された（一九〇八年一月）[28]。

在満日本人の活動が満洲全域に及ぶようになると、日本政府は日本人の保護・取締を理由に駐在所を未開放地にも設置した。一九二四年一二月までに未開放地の駐在所は五〇あまりに達し、これらの多くは警察官のみが駐在するものであった。そして、未開放地の駐在所は中国側の了解を経ずに設置されていた。当然のことながら、中国側は日本人警察官の駐在に反対した。日本政府は未開放地での警察官の駐在は治外法権の延長と考え、中国側により適切な日本人の保護が行われていない現状では、日本人警察官の駐在は必要だと主張していた[29]。

「中国側の警察機構が不備だから日本人警察官の駐在が必要だ」という日本政府の主張には首肯できる点もあった。馬賊の活動もさることながら、中国側の警察官の資質には問題があった。現代の日本人は警察官といえば警察学校で特別な訓練を受けたプロをイメージするが、満洲の中国人警察官には馬賊上がりや無頼漢も任用されていた。また、警察上層部が交替したとき、新たに赴任した上官はその腹心を警察経験の有無に関係なく任用していた(30)。中国側の警察官に問題が多かったからこそ、馬賊も活動できたのである。とはいえ、条約に基づくならば日本政府の主張は認め難い。南満東蒙条約の第五条には「(未開放地の)日本国臣民は……支那国警察法令及課税に服すべし」とあり、未開放地に居住する日本人の警察権は中国側が持つことになっていたからである。

満鉄付属地ではなく、昌圖城内の駐在所に勤務した日本人巡査は、「酔つ払いの喧嘩の仲裁から、支那人との争い、夫婦の悶着《もんちゃく》」といったトラブルに対応し、「一切の裁《さば》きを一人が背負うて村の者が仲よく暮らすようにするのは骨」だと語っている。そして「時には国家を代表して、領事ともなれば警察署長ともなり、一巡査の身で全責任を負つて内地人や朝鮮人の保護のために支那側県知事と折《せっ》衝《しょう》し、絡《から》んだ問題をよく解決した時はうれしい」とも述べている(31)。この巡査のコメントからは、問題解決のためには警察官自らが外交的な折衝を行わざるを得ない状況があったことがうかがえる。日本人の保護を考える警察官ほど、警察業務をこえた範囲にまで踏み込んでいたと思われる。

治安の悪い未開放地に日本人警察官を駐在させる必要性はあったが、肝心の保護を受ける日本人に問題が多かった。未開放地で活動した日本人は麻薬の密売人や売春婦が大半であった。こうした不正業者を取り締まることもあったが、不正業者の活動を日本人警察官が保護し、結果としてその活動を補助してしまう事態も生じていた。この問題は一九二四年四月に開かれた第三回在満領事会議でも協議された。具体的な結論は出なかったようだが、現状についての説明が興味深く、中国側官憲が日本人不正業者を圧迫しても日本人警察官は黙視していると述べている。[32]つまり、日本人警察官も不正業を営む日本人を積極的には保護していなかったのである。

未開放地は治安が悪く、中国側官憲はあてにできないため、日本政府は日本人の警察官を駐在させていた。だが、未開放地の日本人は不正業者が多く、公然と日本人警察官が保護することはできない連中であった。かかる状況から、未開放地の駐在所を撤廃したほうが良いという意見と、従来どおり存続する必要があるという意見が対立し、結論が出ないまま満洲国の建国を迎えた。

満洲には警察官だけでなく日本軍も駐屯していた。日本はポーツマス条約の追加約款《やつかん》において、満鉄沿線一キロあたりに一五名を超過しない守備兵の駐留権を持っていた。鉄道沿線に独立守備隊（鉄道守備隊）が、遼陽に駐留師団が置かれた。その兵力は一万人程度であった。一九一九年に関東庁が設置されたことにともない関東軍司令部条例が制定され、関東軍が発足した。関東軍はソ連に対抗するための精鋭部隊というイメージが強いが、満洲事変前の任務は関東州の防備と満鉄の安全確保を主要任務としており、対外侵攻を目的に編成されたわけではなかった。[33]関東軍参謀の中野良次は、関東軍の兵力は東京～福岡間ぐらいの距離に分散配置されているので、満洲にソ連軍が侵攻したならば有効な抵抗は難しいと述べていた。[34]

独立守備隊の任務は鉄道と満鉄付属地の警備であり、とくに満鉄の線路に異常がないかどうかの巡視は重要な任務であった。線路巡視は昼夜を問わず行われ、とりわけ寒さの厳しい冬の巡視は過酷であった。線路の保全に独立守備隊は徹していたようで、中国人は線路沿いを歩いているとき、日本兵の姿を見ると恐れのあまり、すぐに走り去ってしまうと語られていた(35)。独立守備隊の日本兵は、不意に現れる巡察将校の査察《ささつ》を恐れていた。いつ訪れるともかぎらない巡察将校がいたためか、独立守備隊の勤務は高いレベルにあったようである。中国人は襟章《きんしょう》により独立守備隊兵と駐留師団兵の区別を瞬時に見分け、独立守備隊兵には精鋭兵としての畏敬を払っていたという(36)。また馬賊の間では、「独立守備隊の兵を見たら逃げろ、駐留師団の兵を見たら止まれ、関東庁の警官を見たら攻撃しろ」という逸話が語られていた(37)。

独立守備隊兵が厳しい警備をしていたことには理由があった。線路のボルトや枕木《まくらぎ》などが抜き取られる事件が頻繁に起きていたからである。また列車が急カーブや上り坂にさしかかり、減速したときをねらって貨車に飛び乗り、積み荷を盗む事件もめずらしくなかった。満鉄鉄道部事故係の統計によると、年度により列車妨害を受けた件数は異なるが、一九〇八年から三〇年まで総計七九八件発生しており、毎年平均三五件であった(38)。

列車妨害を警戒するあまり、独立守備隊は限度を越えた警備をすることもあった。線路付近をたまたま歩いていた中国人が呼び止められ、侮辱的な口調で注意されたことに激昂《げっこう》し、独立守備隊兵と殴り合うこともあった。線路付近を歩いたことから、独立守備隊兵に発砲された中国人もいた。鉄道守備を名目に行なわれた演習の流れ弾により、命を落とす中国人もいた。こうした事件が発生したとき、関東軍は鉄道守備に必要な正当行為の延長で発生したことであり、問題はないという見解をとっていた。(39)

中国人には強気の姿勢を見せていた関東軍であったが、欧米諸国への対応は異なっていた。一九一八年一〇月に長春～孟家屯間の線路のそばを歩いていたイギリス人伝導師クローフォード（女性）は、警戒中の日本兵に注意された。クローフォードがその訳を理解できないでいると、日本兵は彼女を線路付近からしめだそうとした。これにクローフォードは持っていたステッキで抵抗したため日本兵と揉み合いになり、最後は捕縛されてしまった。事件当初、独立守備隊は「正当な処置」を行ったまでに過ぎないという見解を示した。ところがほどなくして、奉天のイギリス領事館が日本兵によりイギリス人伝導師が不当な扱いを受けたとして、謝罪と関係者の処罰を要求してきた。すると、当初の「正当な処置」という見解は消滅してしまい、最終的には関係兵士の営倉入り、隊長の処罰、クローフォード所属の教会への寄付という形で幕を閉じた。(40)

独立守備隊は原則としては鉄道付属地外での行動は禁止されていた。だが、中国側に事前通告して付属地外を行軍演習することもあった。どの部隊がどれだけ行軍演習をしていたのか詳細はわからないが、開原付属地に駐屯していた独立守備隊第二大隊は一九一五年では六回、一六年では三回行っていた(41)。付属地外での行動演習が中国側に周知されなかったことから、一四年八月には鄭家屯《ていかとん》付近を行軍中の日本軍に中国人巡警が発砲するという事件も起きていた(42)。訓練のためとはいえ、日本軍が行軍する光景を不快に思う中国人は多かったと思われる。

辺鄙《へんぴ》な場所に駐屯した独立守備隊兵は馬賊の襲撃を受け、危険にさらされることもあった。また娯楽に乏しく、単調な満洲の平原を見て過ごすには、二年間という駐留期間は長かったと思われる。とはいえ、満期除隊した人のなかには満洲が気に入り、日本へは帰らず満洲に残る人もいた。例えば本間正文は、一九一三年に遼陽の駐留師団を除隊したが帰国せず、そのまま遼陽に残り、事務員などをしながら生活していた。山下鉄之助は一〇年に独立守備隊を除隊した後、関東都督府巡査となり満洲に残った(43)。事業で成功した人もいた。四戸友太郎は一二年に独立守備隊勤務のため渡満した。一四年に予備役となったが帰国せずに、長春で事業経営にたずさわり成功した。四戸は満洲国期も長春で活動を続け、長春の日本人のなかでは有力者になった(44)。

中国側の警察や軍隊はあてにならなかったので、在満日本人にとって関東軍は頼りになる存在であった。馬賊や強盗の横行する満洲において、日本の軍隊がそばにいることは何よりも心強かったと思われる。ところが、一九二二年に軍縮の一環として独立守備隊の撤退が決定された。満鉄沿線の日本人は、独立守備隊の撤退は「在満邦人ノ生命財産ヲ脅シ、経済的発展ヲ阻害スルモノ」だとして猛反対した(45)。予想以上の反対の声に陸軍は全面撤退ではなく、二五年に二大隊を廃止するに止めた。しかしながら排日運動の激化などのため、二九年に再び六大隊編成に戻すことにした。

日本政府は在満日本人を保護するため、一万人以上の警察官と軍隊を満洲に置いていた。これらの警察官、軍隊の維持に多額の費用がかかったことは言うまでもない。費用がかかるとはいえ、警察官や軍隊なくして在満日本人の安全はなかった。日本政府は在満日本人を満洲権益の担い手として保護していたが、こうした保護にはかなりのコストがかかった点を指摘したい。多額の費用をかけても日本政府は満洲権益維持のために在満日本人の安全に配慮していたが、そうしたコストに見合うことを在満日本人がしていたかは疑問である。もっとも、コストなど関係なく行われるのが帝国主義国の植民地政策だという見解もある。ここでは、こうした議論についてこれ以上展開することは控えたい。

4　使用通貨をめぐる問題

生活と密接に関わる貨幣制度も、当然とはいえ満洲と日本では異なった。日本とは違い満洲には各種雑多な通貨が流通していた。そのため整った貨幣制度のもとで生れ育った日本人には、満洲はあたかも通貨の無秩序社会のように見えたらしい。満鉄の調査報告は、「その種類多くしてその系統の複雑」なのは「想像の外にある」と述べている[46]。

各種の通貨が流通する満洲において、日露戦争を契機に日本の金融機関が発行する紙幣が流通するようになった。日露戦争中に日本軍は軍票《ぐんぴょう》を使って物資や労働力の確保をした。日露戦後、日本政府は単に軍票を回収するのではなく、軍票の代わりに銀行券を流通させ、日系通貨の流通領域を確保しようとした。日本政府は横浜正金銀行に軍票を回収させ、銀建の通貨を発行・流通させることにした。しかしながら、正金銀行が発行した通貨（鈔票《しょうひょう》とも呼ばれた）は、在満日本人の間ではあまり使われなかった。その理由は、一九〇七年四月に関東都督府は収支標準を金勘定に改め、満鉄も同年一〇月に金勘定に変更した点があげられる。そのため、在満日本人は主には金建の日銀券を使っていた(47)。

銀建か、金建かの論点の分かれ目は、どのような生活を満洲で過ごすかにあった。満洲の中国人は銀経済のなかで暮らし、銀建の通貨を使っていたので、中国人との取引には銀建の通貨が多く用いられた。これに対して日本は金本位制をとっていたので金経済のなかで暮らし、金建の通貨を使っていた。中国人と関わりを持つ生活をするならば銀建の通貨が必要であり、日本人だけを相手に暮らすならば金建の通貨だけで日常生活に支障はなかった。つまり、中国人と関係のある生活をするのか、しないのかが、金建、銀建論争の根底にあると言える。

銀建、金建をめぐる論争は以後も続き、一九一六年一〇月に「鮮満一体化」政策を掲げる寺内正毅《まさたけ》内閣が成立すると、朝鮮銀行が発行する金券（金票と呼ばれた）による幣制統一が推進された。寺内内閣の構想は、横浜正金銀行は本来の業務である為替《かわせ》・貿易金融を行う金融機関にし、朝鮮銀行を満洲における「中央銀行」に転換しようというものであった。この構想をうけて、朝鮮銀行が発行する金票の流通拡大が試みられた。つまり、正金銀行を基軸とした金融体系から、朝鮮銀行を基軸とする体系に再編しようとしたのである。(48)

中国側の金融機関が発行する紙幣は各省で異なり、奉天省では奉天票、吉林省では吉林官帖《かんちょう》、黒龍江省では黒龍江官帖などの紙幣が使われた。これらの紙幣は不換紙幣であり、その価値の下落が常に問題になっていた。とくに一九二〇年代後半の下落は著しかった（図5）。在満日本人は下落を繰り返す「危険」な中国側の紙幣を、蓄財手段としては意味のない通貨と考えていた。また、在満日本人のほとんどは中国人社会の一員ではなく、日本人社会の一員だと意識していたので、中国側の紙幣を使う気持ちもなかった。このため、満洲には数多くの通貨が流通していたが、日本人は日本側の通貨を、中国人は中国側の通貨をそれぞれ使っていた。在満日本人は大連や満鉄付属地で暮らすならば中国側の通貨を使う必要はなく、日本側の通貨で生活できた。

日本側の通貨（金建）と中国側の通貨（銀建）は基準が違うため、お互いの通貨を交換する時には「金銀比価」というやっかいな問題にかかわる必要があった。金価と銀価の差を「金銀比価」というが、金価と銀価は世界的な需給関係から常に変動しており一定ではなかった。そのため額面は同じでも、銀建通貨と金建通貨の間には差が存在し、同じ価値ではなかった。例えば、金価が安く銀価が高いとき（金安銀高）、金建通貨一〇銭は銀建通貨に換算すると一〇銭にはならず、八銭や九銭にしかならない。反対に金高銀安のときには、金建通貨一〇銭は銀建通貨に換算すると一一銭や一二銭の価値

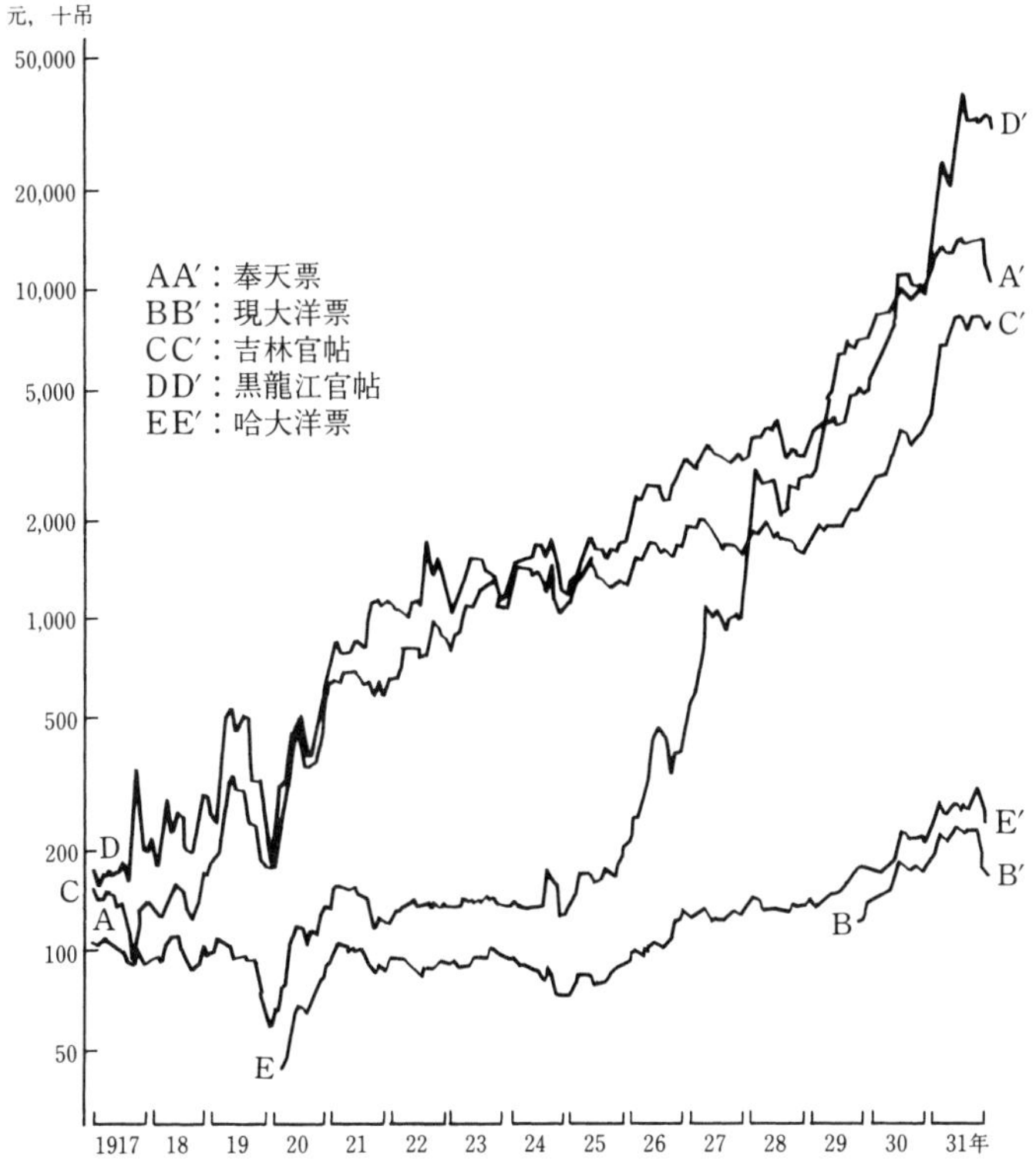

図5　中国側紙幣相場の推移—1917～31年—

出典　満鉄経済調査会（南郷龍音）『満州通貨統計　B貨幣相場編』1932年.
注　金票100円に対する毎月平均相場.

を持ったのである。

金銀相場の変動は、在満日本人の日常生活にも影響をおよぼしていた。金銀比価の変動が日常生活のなかでどのように現れるのか、以下では『満洲日日新聞』に掲載された人力車の運賃についての記事を例に見てみたい(49)。まずこの記事は中国人と日本人の貨幣生活の違いについて、日本人は金建の生活をしているのに対して、中国人は基本的には銀建だが、日本人と取引する場合は金建通貨を受け取るので、これを銀に換算することを日常的にしている。それゆえ中国人は金銀比価の変動に敏感なことを指摘する。次いで、人力車の運賃は金銀比価変動の影響を受けているが、日本人は悲しいことにそれを知らず、「十銭で乗つた、二十銭で乗つた。内地でなら五十銭も一円もする所を僅か十銭か二十銭かで乗れるのだから大いに得意がっている」とし、さらに役所が「何処から何処までは金幾銭也」と決めており、役所自らが金銀比価の変動を無視する規則をつくっていることを指摘している。

在満日本人は通貨の価値は不変だと考えていたふしがある。金が高く銀が安い場合、日本人から金建通貨を受け取る中国人車夫は得をした。しかし、金が安く銀が高い場合、中国人車夫は金建通貨を持つ日本人には高い料金を請求した。在満日本人の多くはこうした金価と銀価の関係を考慮せず、固定的な料金を払っていたのである。

金銀比価の変動は商売にも影響を及ぼした。『満洲日報』には次のような、日本人客を甘く見る中国人商人の様子が掲載されている(50)。

「昨日五円で買つたと聞いたが、今売つたのはたつた一割の口銭じやないか」。「ハハ、なんだストーブのことか。おれも一割じや引き合はないが一晩寝かせて一割になりや悪くもないしさ、……日本人相手の商売は甘いものじやないか。……もちろん小洋《しようよう》だと思つて売つたのに、いざ勘定となると手の切れるような老頭児票《ラオトールピイアオ》に五十銭銀貨じやないか。今日の相場は一二十円八十銭だろう、だから六円六四銭四厘に売つた勘定で、頼みもせぬのに三割余にまわしてくれた訳さ」。

この記事の意味を理解するには若干の説明が必要であろう。まず中国人商人は昨日五円で買ったストーブを、日本人の客に五円五〇銭で売った。中国人商人は小洋（中国で鋳造された銀貨。小洋銭と呼ばれた）つまり銀建で五円五〇銭だと考えたのに、日本人客は老頭児票（朝鮮銀行券のこと。中国人は朝鮮銀行券の図柄を見てこう呼んだ）五円と五〇銭銀貨（日本銀貨）を払った。朝鮮銀行券、日本銀貨は金建なので、五円五〇銭をその日の銀相場一二〇円八〇銭で換算すると六円六四銭四厘になる。日本人の客は銀建では六円六四銭四厘払った計算になり、中国人商人は一円一四銭四厘を労せずして儲けたのである。

大連は日本人と中国人が混住したので金経済と銀経済が併存する状況にあったが、満鉄付属地は日本人が多かったため金経済が幅をきかせていた。そのため満鉄付属地内は金経済圏、付属地の外は銀経済圏となる傾向があった。例えば奉天では城内は銀建で、付属地は金建のため、銀価が下り城内の価格が下がっても、付属地の価格は城内と連動して下がらなかった。具体的には、銀価が暴落した一九三一年に、付属地の牛肉一〇〇匁は金二六銭であったが城内では金八銭であった。つまり銀安により銀経済圏の城内の価格は下がり、城内の牛肉は付属地の三分の一以下になったのである。(51)

満洲には金経済圏と銀経済圏があったので、物価を表す際にも金建と銀建の物価が存在した。各種の資料に出てくる、「大連の物価は下落した」とか「奉天の物価は高騰した」という記述は、金建なのか銀建なのか、その基準を確認したうえで理解する必要がある。なぜなら、銀建では下落していても、金建では下落していない場合もあるからである。

日本人と中国人の使用通貨が異なることから、日本人経営者は自分たちの企業や商店で働く中国人に対し、どのような通貨で賃金を払うかも問題となっていた。中国人は当然のことながら日常使っている銀貨で賃金が欲しかった。それゆえ、「支那労働者の交換用具たる貨幣が邦貨にあらずして、支那の通貨たる事を常に念頭に置く」必要があると指摘されていた。(52)

どの通貨で賃金を払うかについては満鉄も悩んでいた。多数の中国人労働者を使う満鉄にとって、金銀相場の変動は収支に大きな影響をおよぼした。満鉄の会計は金建であったが、中国人労働者への支払いは銀建銀払いにしていた。会計が金建であるにもかかわらず、中国人労働者の賃金が銀建銀払いなのはおかしいとする意見が出され、満鉄は一九一四年八月に各駅に対して調査を行った。その回答は①金建が良い、②金建はだめ、③なるべく銀建を希望する、④どちらでも良い、という四種類に分かれた。(53)見解の相違は各駅のおかれた状況に起因しており、一律に決められない点が悩みの種であった。かかる問題は日本国内ではありえないことだが、満洲で中国人を雇うならば避けては通れなかった。

在満日本人は概して金銀相場の変動に無頓着な生活をしていたため、中国人にしてやられることが多かった。こうした現象を「経済観念の発達した中国人に、のん気な日本人は手玉にとられていた」などの説明で理解することは不十分の誹《そし》りを免れない。金建経済のなかで暮らす在満日本人にとって、銀価の騰落は基本的には関係ない事柄であった。在満日本人は中国人の銀経済圏とは異なる金経済圏で生きており、その限りでは中国人とは別の世界に存在した。これに対して、金建通貨を受領する機会のある中国人にとって金銀相場の変動は死活問題であった。それゆえ相場変動には敏感に反応したのである。金建の日本通貨などは見たこともなく、銀経済圏のなかにどっぷり漬かって生活する中国人も多かった。こうした中国人は銀価の変動に敏感ではなかった(54)。つまり、それぞれの置かれた状況により金銀相場変動への反応は異なったのであり、一般的な民族性を主張しても説明したことにはならない。

満洲という広大な銀経済圏の中で、いわば孤島のように浮かぶのが在満日本人の金経済圏だったと言えよう。「満洲にいるのだから金を捨てて銀を取れば良いではないか」という主張は、在満日本人が日本本国とのつながりを断ち切り、生涯を満洲で中国人とすごす決意があれば受け入れられる。だが、ほとんどの在満日本人は、やがては日本に戻るつもりのため金経済圏から離れることはできなかった。こうした在満日本人の貨幣生活を、中国を旅行するのに日本語で押し通すのと同じであると批判する日本人もいた(55)。

満洲の通貨が統一され、金銀相場の変動による影響を受けなくなるのは、満洲国が建国され、満洲中央銀行による幣制統一が達成されるまで待たなければならなかった。

5　教育問題から見た在満日本人の様相

日露戦争前に活動した在満日本人の多くは単身で暮らしており、家族をともなった人はまれであった。ところが日露戦争後になると事情は変わり、家族とともに渡満する人が増えた。そのため、日本人児童を教育する学校が必要となった。竹中憲一氏の考証によると、満洲最初の日本人初等教育機関は、一九〇五年一〇月に安東に設立された日新学堂邦人教育部であったという(56)。

満洲に設立された日本人学校は、①関東都督府が管轄する関東州の学校、②満鉄が管轄する満鉄付属地の学校、③領事館が管轄する開放地の学校の三種類に分かれており、「三頭政治」は学校運営の管轄とも関係していた。このうち、領事館管轄の学校（ハルビン、吉林、鄭家屯など）は満鉄から補助金をもらっており、学校運営面でも満鉄の影響が強かった(57)。管轄機関の相違は教育方針にも反映し、関東州の学校では日本国内の学校教育をそのまま行う「内地延長主義」の色彩が強かった。これに対して満鉄付属地の学校は、満洲事情を取り入れた「現地適応主義」を掲げていた。在満日本人の子弟は居住地が関東州なのか、満鉄付属地なのかにより、異なった教育を受けていたのである。[58]両者の教育方針の違いは、中国語教育や教員養成のあり方にあらわれている。

関東州の小学校は「内地延長主義」に立つため、中国語の授業はしていなかった。だが、周囲に暮らす中国人の言葉をまったく知らないのは問題だという意見が浮上した。そこで、日常会話レベルの習得を目的として、一九二七年に中国語は随意科目（尋常小学校四年生より学習）の一つとなった（中学校では〇九年公布の「関東都督府中学校規則」により中国語は随意科目となった）。関東州を租借してから二〇年あまり経て、ようやく関東州の日本人小学生は学校で中国語を学ぶようになったのである。

関東州とは対称的に、満鉄付属地の小学校では早くから中国語教育が実施された。満鉄は日本人児童が中国語を習得することを重視し、一九〇八年二月から中国語を随意科目にした。とはいえ、父兄の多くは中国語の学習に反対であった。その理由は、子供を満洲に永住させる気持ちはなく、やがては日本の学校に転入するので中国語の学習は必要ないという点にあった。要するに、日本国内の学校には中国語という科目はないので、どんなに中国語をマスターしても、国内の学校に転入したならば何の役にも立たないというのが反対の趣旨であった。[59]

教員養成に関しては、関東州では「内地延長主義」を掲げたため、教員は日本から連れてくればよく、満洲での教員養成は必要ないという考えが強かった。一九二〇年に小学校の教員を養成する組織が設けられたが、わずか三年で廃止されてしまった。これに対して満鉄は、満洲の風土に適した教師を養成しようとしていた。満鉄は一三年に教員講習所を設置し、日本から赴任した教員に中国語や満洲事情の研修を始めた。二四年には満洲教育専門学校という独自の教員養成機関を設けた。満洲教育専門学校は「満洲事情に精通した教員の養成」を掲げ、全寮制、授業料免除、月額三〇万円の給費支給という好条件で生徒を受け入れた。教員も一流の研究者を日本から呼び寄せた。満鉄はその資本力に物を言わせて、充実した教員養成機関を設けたのである。しかし反面では金がかかりすぎるという批判も受けた。満鉄の営業不振は満洲教育専門学校の運営を許さなくなり、三一年に廃校が決定された。

子供たちは将来的には日本に帰るのだから国内と同じ教育が求められたことも、その反対に満洲に暮らすのだから満洲のことも知る必要があるという、どちらの考えにも相応の理由はあった。こうした関東州の「内地延長主義」と満鉄の「現地適応主義」という方針の相違は、つまるところ満洲という場所をどのように考えるのか、という点に帰着する。どちらの考えが良いとか悪いとかではなく、満洲を生涯の活動の場所と考えるのか、そうではなく、日本に戻るまでの一時の仮住まいの場所と考えるのかの違いでもあった。

一九二六年に満鉄沿線の小学校を視察した日本人は、「校舎はさすが殖民地の学校だけあって」、「外観は甚《はなは》だ立派」であり、日本国内の田舎学校などは及びもつかず、レンガ造りの二〜三階建て校舎、大陸の風土に合わせた暖房設備などを見ると、国内の学校にはない「豪壮《ごうそう》」さを感じると述べている(60)。では、こうした立派な造りの学校で、どのような生徒が学んでいたのだろうか。

鉄嶺小学校の校長は日本人小学生について興味深い観察をしている。まず、商店を営む家庭の生徒は融和的心情に薄弱だと指摘する。これは同種類の商店が軒《のき》をつらね、顧客の日本人が限られた状況下で営業するため、各商店は得意先を奪い合い、競合商店をだしぬこうとする。それゆえ隣人同志の相互扶助などは芽生えず、子供も自分本意な性格になると分析している。第二に、安易な方向に進もうとする点をあげている。親の多くは一攫千金を夢見て満洲へ来たので、地道な積み重ねにより財を成す観念に乏しく、安易な方法で成功しようと考えているのが子供にも伝わると観察している。第三に、道徳観に欠ける生徒が多いとしている。在満日本人は各地から集まった烏合《うごう》の集団なので、伝統に根ざした社会規範は存在しなかった。これに加え人々の出入りも激しいので、後々のことまで考えないで行動する日本人が多く、その結果、社会規範や道徳に気をつけない生徒が少なくないと指摘している(61)。

また、一つの小学校に長く通う子供は多くなかった。満洲の日本人小学校では転入学、退学をする生徒が頻繁に見られた。これは在満日本人の流動性の高さに起因しており、一つの場所に腰を据える在満日本人は少なく、親の移動にともない子供たちも学校を移らざるを得なかったからである(62)。

満洲の日本人小学校への入学は、原籍地の役所から戸籍謄本をとり寄せれば簡単にできたが、満洲生まれの子供のなかには戸籍が不備なため入学できない子供もいた。日本から単身で来た男性は寂しさから芸酌婦や下宿の女中と仲良くなり、ついには子供が生まれることは満洲では特別な事件ではなかった。子供が生まれた後、いつのまにか男性の姿が消えたり、故郷の両親が反対するため入籍できないなどの理由から、満洲には私生児が多かった。こうした私生児は戸籍が不備な場合が多く、小学校に入学できないこともあった[63]。

関東州、満鉄付属地の中学校の特徴として進学熱の高さがあげられる。その原因は保護者の職業と関係した。関東都督府中学（旅順中学の前身）の保護者の職業は、満鉄関係者三九・五％、官公吏一三・〇％であり、満鉄社員、官公吏といった外地手当てが支給される職業が半分以上を占めた。こうした経済的余裕が上級学校への進学熱をうながし、中学校は受験競争のるつぼと化していた。各中学校は合格者を一人でも多く出すために、「英語、数学等は平素より四時間も五時間も増加し、学校も先生も試験勉強に一生懸命の白熱状態である」とその様子は描写されていた[64]。

例えば、一九〇七年から満鉄に勤務し、後には満鉄系列の南満洲電気会社の専務になる横山多喜助は、長男は京都帝大法科に、次男は東京帝大政治科に進学させていた[65]。二人の子供を日本国内の大学に通わせるのは経済的に大変であったと思われるが、満鉄社員の上層部はそうした負担にも耐えられたのであろう。経済的要因の他に、親の多くが満鉄や関東庁といった、出世のポイントは学歴であった職場に勤めていた点も影響していたのではないだろうか。どんなに努力しても帝国大卒に抜かれてしまう日々の現実が、自分の子供は帝国大学を卒業して欲しいという願望をつくっていたと思われる。
この点は商売で成功した日本人も同様であったらしい。日露戦争以前からウラジオや北満で活動していた阿川甲一は、一九〇七年に満鉄、関東都督府の指定請負人になり長春で商売にはげんだ結果、有数の実業家になることができた。阿川の長男は京都帝国大学に進学し、長女は満鉄社員と結婚した(66)。在満日本人の親にとって、男子は国内の有名大学に進学すること、女子は満鉄の社員や関東庁の役人に嫁ぐことが、子供の歩む堅実な人生だと考えていたのだろうか。

日本国内の学校に進学する希望が強かったため、満洲に設立された高等教育学校に入学する在満日本人の子弟は少なかった。満洲国以前に設立された高等教育学校には、南満医学堂（一九一一年創立、二二年に満洲医科大学と改称）と旅順工科学堂（一九〇八年創立、二二年に旅順工科大学と改称）の二つがあった。これらの学校の入学者は日本国内から来た学生が多く、満洲の中学校を卒業した学生は少なかった。つまり満洲の高等教育学校は日本国内の学校に入学できなかった生徒を受け入れ、満洲の成績優秀者は日本国内に流出するという「ねじれ現象」がおきていたのである。

例えば、前述した満鉄が教員養成機関として設立した満洲教育専門学校の入学志望者も、大半は日本国内からの応募者であった。一九二九年度の入学志望者は四〇〇名に達し（定員は四〇名なので競争率は一〇倍）、その内満洲出身者は三一名に過ぎなかった。満洲教育専門学校の寺田教授は、「満洲の居住邦人は生活程度が高いためか、満洲の中学校を卒業する殆《ほとん》どが内地の諸学校」に進学してしまい、

「満洲に在住する邦人のため、特に満洲出身者から多く採用することになつている本校としては、実に遺憾《いかん》に堪《た》えぬ」とし、「満洲として特長のある教育の養成に父兄側でも今少し目醒《めざ》めて貰《もら》いたい」と述べていた(67)。

満洲では高等教育を志望する、なかでも日本国内の学校に進学させたいと考える保護者が多かったため、職業教育に重点を置く実業学校に進む日本人は多くなかった。例えば、野戦鉄道提理部以来満鉄に勤務した貝瀬謹吾は、在満日本人は内地の人より生活レベルが高く、悪く言えば「見え坊」なので、実業教育は「低級なる教育として蔑視《べつし》」する傾向があると指摘している(68)。また、満洲には賃金の安い中国人労働者がたくさんいたので、中国人労働者でもできる技能（左官、塗工、大工など）を習得しても仕事はなかった。すなわち在満日本人の構成と満洲社会の特徴という点から、実業教育を受けようという在満日本人の意欲は低調であったと指摘できよう。

五　苦悩する在満日本人—一九二〇年代—

1　満洲をめぐる政治経済情勢の変化

清朝の滅亡後、中華民国が樹立されたとはいえ、中華民国の政治は安定せず、軍閥が割拠する混迷状態が続いていた。そうしたなか、満洲において台頭したのは張作霖《ちょうさくりん》であった。馬賊に身を投じて頭角をあらわした張作霖は、まず一九一六年に奉天省の軍民両権を掌握した。その後、黒龍江省、吉林省の掌握にも成功し、一九年に東三省（奉天省、吉林省、黒龍江省）を支配下に置いた。張作霖が台頭した理由として、満洲に地盤を持つ有力者らの意向をくみとりつつ、満洲に影響力を持つ日本への配慮も怠《おこた》らなかったという、内外のバランスをたくみに調整した点があげられる(1)。東三省を掌握した張作霖は、二〇年代になると北京の中央政界への勢力伸張を試みはじめた。

一九二〇年に勃発した軍閥間の抗争であった安直《あんちょく》戦（安徽《あんき》派と直隷《ちょくれい》派の抗争）の際に、張作霖は直隷派に加勢した。同年七月に張作霖軍は万里の長城を越えて関内に展開し、安徽派と戦闘を交えた。

その結果、直隷派は勝利をおさめ、張作霖は中央政界への足掛かりを得た。[2] 張作霖が満洲で覇権を唱えている間は、日本は張作霖と提携して満洲権益の保持に努めていればよかった。だが、張作霖が中央政界に乗り出すと話しは違ってきた。なぜなら、張作霖が中央政界を支配下におさめるならば、日本の満洲権益擁護は中国全体をめぐる動向と結び付くことになる。そうなると、日本の張作霖への援助は中国の一地方的な問題ではなくなってしまうからである。

一九二一年五月に原敬内閣が閣議決定した「張作霖に対する態度に関する件」は、張作霖が行う東三省の内政、軍備の充実に対して日本政府は援助するが、「中央政界に野心をとげる」行動に関しては、「進んで助ける態度を執《と》らない」としている。また、「張作霖を援助する主旨は張作霖個人に対するに非《あら》ずして、満蒙の実権を掌握せる彼を援助し」、日本の満洲権益を維持することが目的であった。それゆえ、「帝国は何人といえども、満蒙において張作霖と同様の地位に立つ者に対しては提携」する、とも記している。[3]

一九二〇年代前半の中国は軍閥間の抗争が激しく、二二年になると安直戦の時には協力した直隷派と張作霖（奉天派）の対立が深まった。その結果、第一次奉直戦争が勃発した。張作霖は直隷派に敗れ、自己の地盤である東三省に引き返した。しかし張作霖の中央政界への野心は消えず、二四年には再び直隷派と対決した（第二次奉直戦）。第二次奉直戦は馮玉祥《ふうぎょくしょう》のクーデターも手伝い、張作霖の勝利におわった。再び張作霖は北京に入り、中央政界での活動を始めた。そして二六年には宿敵馮玉祥を追い落とし、北京の中央政界を掌握した。

張作霖政権が急成長を遂げた経済的背景には、満洲の豊かな農業資源を活用して財をなした点にあった。張作霖政権が目をつけたのは大豆であった。どのような大豆売買を行い、張作霖政権が蓄財したのかについては、やや立ち入った説明が必要となる。張作霖政権は官銀号と呼ばれた銀行を経営し、官銀号に奉天票《ほうてんひょう》などの不換紙幣を発行させていた。奉天票は張作霖政権が強制通用させた不換紙幣であり、その価値は張作霖政権の消長により騰落を繰り返した。張作霖政権は不換紙幣を流通させる一方で、官銀号の下に糧桟《りやんざん》（官商筋糧桟と呼ばれた）を組織して大豆の買い付けにあたらせた。官商筋糧桟は官銀号発行の不換紙幣を使って農民から大豆を買い付け、これを日本人商人に売り渡して横浜正金銀行券（鈔票）や朝鮮銀行券（金票）を受け取り、不換紙幣を実態化した。つまり張作霖政権は、大豆を媒介に官銀号発行の不換紙幣と日系銀行が価値を保証する銀行券を交換し、不換紙幣に価値を持たせたのである。[4]やや誇張的に表現するならば、張作霖政権は大豆売買を通じて印刷代しかかからない不換紙幣を「手品」のように実態化したとも言えよう。

しかしながら、こうした「手品」が使えたのは、大豆の生産量が多かったこと、大豆の外国市場が存在したこと、満洲内に外国の紙幣が流通したこと、などの条件が備わっていてこそ可能であった。日本による満洲経営が満洲経済の方向性に影響をおよぼしたことは事実だが、満洲経済に新たな展開の可能性を付与したことも事実である。張作霖政権は満鉄の運行、外国市場への大豆輸出、日系銀行券の流通という日露戦争後に生まれた新情勢を活用し、中央政界への進出をも可能にした豊かな財力を得たとも言えないだろうか。

貧しい農民の子として生まれた張作霖が北京で権力者の椅子に座った頃、中国の南方から新時代を誕生させようとする勢力が北上を始めた。蔣介石《しょうかいせき》を総司令官とする国民革命軍が、打倒軍閥、南北統一をスローガンとして一九二六年七月に広州を出発した。いわゆる北伐である。その過程では、中国共産党を排除した四・一二クーデターや、日本軍と衝突した済南事件などの問題も生じたが、一二八年に北伐軍は北京に迫った。形成不利と見た張作霖は北京を捨て、奉天に戻ることにした。張作霖を乗せた列車が奉天駅近くの満鉄とクロスする地点にさしかかったとき、関東軍高級参謀河本大作大佐の命令により仕掛けられた爆薬が爆発し、張作霖が乗る列車は破壊され、張作霖も爆死した。

河本大作がなぜ張作霖を爆殺したのか、その理由については資料不足もあり決定的な見解を述べる研究段階にはない。従来は満洲領有を断行する突破口として起こされたという、満洲事変の序曲的な解釈が多かった。しかし最近では、張作霖軍の指揮系統を混乱させ、満洲の治安維持を保とうとする意図から起こされたという見解も有力視されている(5)。

張作霖の爆死後、息子の張学良がその跡を継いだ。張学良は父親の張作霖とは違い、もはや中国は軍閥が抗争する時代ではなく、蔣介石の国民政府は中国を統合できる力量を持つと判断した。蔣介石政権は不平等条約の撤廃を掲げ、一九二八年七月にアメリカとの間に中国の関税自主権を認めさせた新条約の調印に成功した。以後、ヨーロッパの主要国もアメリカと同様の新条約を結び、最後まで反対した日本も三〇年五月に関税協定に調印した。ここに蔣介石政権は関税自主権の回収に成功し、以後関税政策を軸に国内産業の育成と財政収入の確保を行った(6)。

張学良は北伐を達成した蔣介石政権と対立することは無意味だと考えていた。また父張作霖を爆殺した日本への反感も手伝い、張学良は蔣介石政権との合流に踏み切った。張学良は一九二八年も残すところわずかになった一二月二九日に、蔣介石政権に合流する宣言を発した（易幟《えきし》）。張学良は蔣介石政権の一員として東三省を治める方向性を打ち出したのである。日本政府は張学良の懐柔を試みてはいたが、最終的にはその行方を見つめるしかなかった(7)。蔣介石政権と張学良の合流の結果、日本と満洲の問題は地方的問題ではなく中国の外交問題となり、首都南京での協議が重要になるという変化が生じた。このころ奉天では「内治は奉天で、外交は南京で」という言葉が流行っており、日本政府は外交方針を考え直さなければならなかった(8)。しかしながら、従来の方針を日本政府は変更せず、満洲の新情勢に対して効果的にコミットすることができないでいた。

張作霖、張学良による東三省支配は東三省内の地域統合を促したが、吉林省や黒龍江省をも十分な支配下に置いていたとは言えなかった。奉天省を地盤にした張作霖、張学良政権の統治力は東三省全域にはおよんでいなく、軍事面や財政面での各省の独自性は依然として強かった。とはいえ、張作霖、張学良政権が東三省を掌握した期間は十数年間に過ぎず、この短期間で完成された統治機構を作り上げるのはそもそも無理なことであった。張作霖、張学良政権の未熟な側面だけでなく、その達成した側面や新たな方向性を示した側面をも総合的に評価する研究が近年では試みられている(9)。

満洲をめぐる政治状況が以上のように変動していた一方で、経済状況も大きく変化していた。一九二〇年代の特徴として、華北から満洲に流入してくる中国人が増えた点があげられる。関内から満洲への中国人の流入は一九世紀には始まっており、日露戦争後に増加を始めた。その後も流入は続き、二七年は一〇〇万人を超える中国人が関内から満洲へ移動してきた(10)。日露戦争後では一〇〇〇万人前後であった満洲の人口は、二〇年代には二〇〇〇万人を超え、三〇年には三〇〇〇万人に届こうとしていた。中国人移民は未耕地を開拓し、満洲の農業生産は大きく増えた。満洲の大豆生産はこうした中国人移民の流入により支えられていたのである。

農業だけでなく限定的ながら近代的な工業も勃興しつつあった。一九二三年に操業を始めた奉天紡《ぼう》紗廠《しゃしょう》は紡錘数約二万、織機二〇〇を備え、生産された綿糸布は奉天周辺では日本製品の販路を脅かしていた(11)。鉱業も石炭を中心に発展を示し、満鉄が経営する撫順炭鉱に脅威をおよぼしつつあった。いまだ日本製品からの完全な脱却はできないでいたが、中国側の鉱工業は日本の重大な競争者として、その姿をあらわし始めていた。

満洲内の政治面、経済面での新たな胎動とは対称的に、一九二〇年代の在満日本人の経済活動は低迷していた。とくに在満日本人商工業者は満鉄の人員整理や満鉄消費組合の設立により顧客が減少しただけでなく、中国人商工業者の台頭により、売り上げ不振に陥っていた。[12]また、在満日本人の活動空間も拡大していなかった。在満日本人の居住地は関東州と付属地に集中する傾向が強まり、領事館管轄地に住む日本人は一九二七年では約一万四〇〇〇人に過ぎなかった。[13]満洲全体の状況から見るならば、在満日本人は関東州と付属地に閉じこもっていたとも形容できよう。

満洲をめぐる政治状況、経済状況の変化は、満洲に暮らす中国人の日本政府・日本人に対する姿勢にも影響をおよぼした。とりわけ排日運動への対応に、その変化はあらわれていた。満洲での排日運動は日露戦争後、散発的に発生していたが、一九一〇年代から二〇年代前半では日本製品に代わる製品がなく、全面的な日本製品のボイコットは難しかった。例えば「対華二十一ヵ条の要求」に抗議する排日運動が一五年五月以降、満洲の主要都市では行われた。この時奉天では、日本人商店に爆弾が投げ込まれる事件まで起きていた。[14]だが、奉天総商会（中国人商人の団体）の孫鼎臣総理は、日本製品を排斥《はいせき》すると品不足が生じ、中国人商人の営業までも逼迫《ひっぱく》するので、ボイコットには慎重さを求める発言をしていた。[15]ボイコットのもたらす結果は、必ずしも中国人商人の利益に結びつかないので、対日ボイコットを声高に叫ぶ中国人商人は少なかった。

こうした中国人商人の状況を日本側も察知していた。三井物産の支店長会議において大連支店長は、「対華二十一ヵ条の要求」に反対する排日運動は想像以上に行われているが、「排貨《ハイカ》ト排日ハ全ク異リタル思想」に基づいて行われており、中国人商人は日本製品を排斥しては商品がなくなるので、日本

製品を中国製品のように擬装して取引していると報告している。(16)

一九二〇年代になると、張作霖政権による実業振興も手伝い中国側の製造業が勃興しただけでなく、上海などから移入される中国製品が増え、日本製品を代替できる状況が部分的に生じていた。とはいえ、二五年の「五・三〇事件」に抗議する対日ボイコットの際には、奉天総商会は依然として日貨排斥には消極的な対応を示した。他方、張作霖政権は表面では排日運動を取り締まったが、裏面では利権回収を主張しはじめ、「外見親善ヲ装《ヨソオ》」い、「実力ノ及フ範囲ニ於《オ》テ有《ア》ラユル利権ヲ一歩一歩」回収に努める行動に出ていた。(17)

一九二七年になると排日運動の様相は大きく変化した。田中義一《ぎいち》内閣の強硬的な対中国・満洲政策に反対する声が強まり、九月四日には約二万五〇〇〇人が参加した排日デモが奉天城内で行われた。まだ日本製品の完全な代替はできないにもかかわらず、奉天総商会は積極的に排日デモの推進にかかわり、日本への対抗姿勢を示した。ここに満洲での排日運動は新たな段階に入ったと考えられる。(18)二九年には遼寧省国民外交協会が組織され、日本の満洲権益を回収しようとする具体的な運動の画策がはじまった。(19)

排日運動と同様に労働運動も変化していた。一九二四年の時点での日本側の観察は、労働ストの大部分は賃金問題から発生したもので政治的主張は見られず、その方法も「烏合《うごう》の衆《しゅう》的遣り方」だと見ていた。(20)だが、二七年の観察では、ストに際して企業側が脅威や打撃を感じないことは「既に昨日の事に属し」、「今日に於ては統制のある争議も」あらわれたとし、中国人労働者の力量が侮《あなど》りがたいことを認めている。(21) そして、二九年には中国人労働者の意識には変化が生じており、「在満日本企業家も最早昔日《せきじつ》の如《ごと》き態度」で接することはできないと観察されるに至った。(22) とはいえ、労働運動が日本の満洲権益の存在そのものを揺るがすというレベルにまでは達していなかった。

張作霖政権による地域統合、張学良政権による蔣介石政権への合流という政治的変動を経て、満洲の政治情勢は中国全体の政治情勢と切り離すことはできなくなった。他方、中国人移民の大量流入の結果、満洲経済の様相も変化していた。こうした政治経済状況の変化は、日本が持つ満洲権益の存在を脅《おびや》かしはじめた。一九二九年に一五年ぶりに満洲を訪れた外務省の東郷茂徳は、満鉄付属地の発展に目をみはるなか、以前には感じなかった日中間の険悪なムードに危機意識を抱いた。(23) こうしたなか、三一年九月に満洲事変が勃発した。

2　ハルビンをめぐる政治経済情勢の変化

張作霖政権の台頭と帝政ロシアの崩壊により、東支鉄道沿線をめぐる状況は一九二〇年代に入ると大きく変化した。その変化を一語で表現するならば、「中国側による利権回収運動の高揚」であった。中国側は帝政ロシアの崩壊を契機に、東支鉄道が持つ権益の回収を始めたのである。

最初に回収されたのは鉄道守備権であった。一九二〇年三月に鉄道従業員がストライキに入り、東支鉄道の運行が混乱したのを利用して、中国側はロシア人守備隊の武装解除を行った。以後、鉄道守備隊はロシア兵ではなく中国兵により編成された。同年一〇月のハルビンには、意気消沈したロシア人と傍若無人《ぼうじゃくぶじん》な中国兵の姿が目立ったという(24)。中国側はこれを皮切りに、東支鉄道付属地の司法権、郵政権、行政権などを次々に回収した(25)。こうした中国側による利権回収運動を、ハルビンの日本人はやや性急で乱暴だと思っていた。また、その矛先が日本人にも向かってくるのではないかという脅威も感じていた。二八年四月に在住日本人は大会を開き、条約で認められた権利については保証を求める決議文を出し、利権回収要求には応じられない一線があることをアピールした(26)。

東支鉄道をめぐる情勢が変化するなか、ハルビンの日本人商人は中国人商人の台頭により、その活動は苦境に陥っていた。日本人特産商は中国人特産商や外国人特産商の活動にシェアを奪われただけでなく、満鉄が後援する特産商の派手な買い付けにより大豆が購入できず、不振に陥った(27)。綿製品の輸入も中国人商人が優勢になり、ハルビンの輸入綿糸布の取扱数量は一九三〇年では日商二七%、中国商七三%になってしまった(28)。ハルビンの日本人小売商もその多くは在住日本人を顧客にしており、中国人を顧客にしていたのは一五～二〇%に過ぎなかった(29)。そして、大連や満鉄付属地と同様に、在住日本人を顧客にした雑貨商や食料品販売商は、中国人商人に顧客をとられていた(30)。

日本人商人の活動が振るわなくなる一方で、中国人商人は着実に力をつけていたので、将来に不安を覚える日本人商人は少なくなかった。一九二七年にハルビン総領事の天羽英二は、北満に日本人の勢力を伸張するには大資本を持つ団体の力を借りるしかなく、「満鉄ノ事業施設」を北満にまでおよぼすか、または「有力ノ企業家ヲシテ満鉄ノ後援、保証ノ下」で事業経営を行わせるか、この二つ以外に方法はないと主張した。天羽は個々の日本人が個人的に努力しても意味はなく、資本力のある団体すなわち満鉄の後援なくして日本人の勢力が拡大するのは無理であり、中小商人がいくら増えても日本人勢力の伸張にはつながらないと認識していたのである(31)。

苦闘するハルビンの日本人とは裏腹に、国内の日本人はハルビンを「異国情緒のあふれる街」、「歓楽の街」だと考え、そのきらびやかな側面に目を奪われていた。一九二〇年代前半にハルビンを訪れた作家の奥野他見男は、ロシア娘の裸踊りやいつ終わるとも知れないキャバレーの喧騒を見聞し、その様子を『ハルビン夜話』という作品で紹介した。『ハルビン夜話』は売れに売れ、二三年一月の発売から四ヵ月間で一三〇版を重ね、二九年と三九年には違う出版社からも再版された(32)。

日本的色彩に染まる大連や満鉄付属地とは違い、ヨーロッパ風の建築物、ロシア正教の教会があるハルビンは日本人にとっては異国情緒にあふれていた。だいたい時刻からして満鉄沿線とは違っていた。東支鉄道はウラジオストク標準時にもとづき運行したので、沿線の時刻もそれに従っていた。ウラジオストク標準時は満鉄沿線の時刻より二六分進んでいたので、長春で満鉄を降りて東支鉄道に乗るならば時計を調整する必要があった。ちなみに、満鉄は日本の西部標準時（台湾領有にともない一八九五年に定められた東経一二〇度を基準にした時刻）を採用しており、日本の中央標準時とは一時間の時差があった。ウラジオストク標準時が廃止され、南北満洲の時差がなくなるのは、満洲国建国後の一九三二年一一月一七日であった。(33)

一九二二年に『京城日報』の主催により満洲各地をめぐった日本人は、ハルビンに着いたとき、「駅の構外へ出るともう支那などといふ気分が」せず、「見るもの聞くもの触れるものが皆《み》んなロシアの色調を帯びて」おり、「極東の莫斯科（モスクワ）へ着いた」気分になったと述べている。(34)夜になると石畳の路上には、ロシア人、中国人、日本人の女性たちが一夜の客を求める光景がそこかしこで見られた。ハルビン随一の目抜き通りであるキタイスカヤ街では、夜になると「洋装華やかなロシア美人が三々五々と立ち並んで」道行く男性に声をかけ、日本人の場合は「アナタ、ユキマショ、ヨロシイ」などの日本語で袖をひき、「魔窟《まくつ》へ案内」したという。また欧米風のクラブに入るならば、「酒あり女あり劇あり音楽ありキネマあり舞踏」があり、毎夜数千人が集まるクラブもあったという。(35)

ロシア人、中国人、日本人が混在するハルビンで、日本人はどのような暮らしをしていたのであろうか。『哈爾浜日本商業会議所時報』の第一号には、「哈爾浜に於ける日露支三国人の生活状態比較」という、衣食住別に日本人、ロシア人、中国人の生活の特色を述べた論説が載っている。(36)まず衣服について、ロシア人と中国人は質素だが、日本人は洋服と和服の二種類を着るので支出が多いとしている。これはハルビンの日本人が洋服に徹しきれず、日本伝統の和服も必要だと考える「二重生活」をしていたためであった。次に食べ物については、日本人は日本人商店から高い物を買っていると指摘する。その理由として、現代の日本人には理解しがたい内容を述べている。まず日本人は「キマリガワルイ」とか「面倒だ」と考え、日本人商店以外からは買わない点をあげる。ついで、日本人商店の商品は中国人商店より高いため、「日本人が買つて呉《く》れねば自然安くするか、または潰れる外《ほか》ない」が、ハルビンの日本人は「口に高い高いと云ひながら、やはり便利な日本の雑貨屋」で買い物し、雑貨商も「これ幸いと平気で高く売つて」いるとしている。そして、日本人商店が存続する理由は、日本国内と同じように「畳の上で、茶漬《ちゃづけ》や鯛の刺身《さしみ》」を食わないと気が済まない在満日本人の気質にあるとしている。この記述からは、ハルビンの日本人の消費行動は商品の価格が決定的な意味を持っていたわけではないことが読みとれる。最後に住居について、日本人は西洋建築の家屋の半分には椅子やテーブルを置いて西洋風にし、半分は畳を敷く、「二重生活」で暮らしていると指摘している。

以上から、ハルビンの日本人は日本的生活の維持を日常生活のなかに求めたため、少々高くても日本と同じ物を日本人商店で買い、日本人商店はそれを良いことに高値で販売していた様子を知ることができる。ハルビンの在住日本人と日本人商人の間には、独特の需給関係が成立しており、日本人が必要とする物であるならば高くても売れたのである。ハルビンの日本人はハルビンに適合した生活スタイルに自らを変えるのではなく、いかにして外国であるハルビンで日本的な生活をするかに腐心していたのである。

ハルビンで活動した日本人は、領事館の館員や満鉄の社員といった満洲権益に関わる人、日本から派遣された支店長、貿易商、そしてこれらの日本人に群がる雑貨商、飲食店、売春婦などであった。したがって、その構成は基本的には大連や満鉄付属地と同じであった。しかしながら、ハルビンは大連や満鉄付属地とは違い、多数の満鉄社員は住んでいないので、日本人同士の「共食い商売」の範囲は小さかった。

苦境から脱出できないでいたハルビンの日本人商人を救ったのは、一九三一年九月に起きた満洲事変であった。満洲事変はハルビンの日本人にとって日本政府へ援助を請う、絶好のチャンスを与えた。在住日本人は一一月に大会を開き、この機会に「満蒙諸懸案」の根本的解決の要望を日本政府に出すことにした(37)。そうこうするうち、日本軍は三二年二月にハルビンを制圧した。もとより、在住日本人が要望したからハルビンに日本軍が進撃したわけではない。日本軍によるハルビン占領は満洲国建国に向けての一段階であり、在住日本人の救済が目的ではなかった。だが、苦境脱出の方向性として在住日本人が日本政府への依存を志向していた点は見逃せない。

3　日本人輸出商の問題

満洲から輸出されたものといえば大豆であり、大豆の輸出増加こそが満洲経済を牽引《けんいん》した原動力でもあった。大別して日本人特産商は、沿線市場で中国人特産商（糧桟と呼ばれた）から大豆を購入して輸出商に売り渡す特産商と、主に輸出を行う特産商の二つに分けられた。沿線市場の日本人特産商には小資本が多く、輸出を行う特産商には三井物産などの大資本が多かった。まずは沿線市場で活動した日本人特産商について、『満洲特産事情』の「特産商録」をもとに、その経歴を見てみたい(38)。

第一に、日露戦争の従軍経験者が目につく点を指摘したい。例えば、開原の坂井三八や則末穂は従軍を機に満洲へ渡り、その後も残った人物であった。海江田兄弟商会を営む海江田新之亟は軍用達商として日本軍とともに満洲を転戦し、戦後は公主嶺で特産商を営んだ。第二に、日本人特産商のもとでしばらく働き、それから開業する人が多かった。松尾八百蔵が営む奉天の松隆洋行からは、そうした日本人特産商が多く出ていた。遼陽に開業した田中辰蔵は、松隆洋行で五年間の修行を積んでいた。同じく遼陽に開業した松尾惣七は、兄の営む松隆洋行で大豆商売のイロハを身につけた。鉄嶺の細和三太、公主嶺の山辺繁太郎、開原の津田善松も松隆洋行に勤めた経歴を持つ特産商であった。

個人商以外に三井物産も沿線市場で大豆を買い付けていた。一九〇七年の支店長会議で井上営口支店長は、満洲で商売をするからには大豆を大々的にあつかう必要があるとし、三井物産が大豆取引に積極的に乗り出すことを主張した(39)。そして、三井物産の出張員はいまだ日本人が踏み入れたことのない場所にまで出かけ、大量の大豆を買い付けた。このため中国人の間には、三井物産は日本政府の内命により日露再戦のため馬糧を買い占めているとのうわさが流れたりもしたという(40)。

大豆を世界市場に輸出していた日本人特産商のほとんどは大連を拠点にしていた。大連で活動した日本人特産商の変遷は激しく、大連商工会議所が一九二九年に出した刊行物は、日露戦争後に大豆取引が始まって以来、現存する特産商は三井物産、三泰油房、日清製油だけであり、一〇年以上活動するのは瓜谷商店、油谷商店だけだとしている。小資本の特産商が長く活動することは難しかったため、二〇年代後半に大連から輸出された大豆の取り扱いは三井物産、三菱商事、日清製油、鈴木商店（二六年まで）の四つが三〜五割を占めていた(41)。

大豆の取引方法は不備な点が多く、日本人特産商は中国人特産商に比べて不利な位置におかれていた。とくに沿線市場では中国人特産商優位の取引が行われていた。中国人特産商も大豆が売れなければ大損するのだが、集積した大豆を担保に金融機関から融資を得ていたので、すぐに売る必要はなかった。それゆえ中国人特産商は日本人特産商には強気でのぞみ、代金は大豆現物と引き換えではなく、契約時に払うという取引方法をしていた。日本人特産商が実際に大豆を受け取るのは、契約成立から四〜五日後であり、はなはだしくは一〇〜二〇日後ということもあった。さらに、契約後に大豆が値上がりしようものなら、中国人特産商は品質の劣る大豆を受け渡したり、破約さえも行った(42)。

中国人特産商への融資は中国側の金融機関だけでなく横浜正金銀行もしており、その融資を日本人特産商は取引の妨害だと反対していた。日本人特産商は正金銀行が「営利一方に傾き」、「我《わ》が商権が如何《いか》になろうとも一向《いっこう》に頓着《とんちゃく》なく」、ただ信用や担保があれば中国人特産商だろうと、誰であろうと融資する経営方針に不満であった[43]。だが、正金銀行は中国人特産商への融資は重要な収益源のため、日本人特産商の訴えは無視する対応をとった[44]。満洲に日本の経済力を浸透・拡大させる目的から存在した正金銀行の活動が、結果として日本人特産商の営業を妨げていたのである。

契約不履行に対する法的制裁が機能していなかった点も、日本人特産商にとっては悩みの種であった。沿線市場での大豆取引は、「契約の不履行あるも何等《なんら》社会的制裁を受けるのではなく、買占め売崩しは殆《ほとん》ど常事の如《ごと》く行われ」たと描写されていた。こうした状況のため、勝手な、自己都合的な取引をする日本人特産商もあらわれ、沿線市場では「巧《たくみ》に契約履行の責任を免れたり」、「買占めや売崩しを大胆にやる者」が成功したという[45]。

取引方法を整備するため、関東都督府は一九一三年に大連重要物産取引所（一九年に大連取引所と改称）を設立して、大豆取引の制度化を行った。以後、満鉄沿線の開原、長春、公主嶺、四平街、鉄嶺などにも取引所は設置された。これらの取引所は大豆取引に一定の秩序を与えたが、限界もあった。その限界として、取引所のある場所で行われる大豆取引のすべてを監督する機関ではなかった点があげられる。例えば長春において長春取引所以外で大豆取引をしても問題はなく、大豆取引にあたって取引所を使うかどうかは特産商側の判断に委《ゆだ》ねられていた[46]。

特産商を悩ました問題として、大豆価格は多岐にわたる要因の影響を受け、変動を繰り返していた点もあげたい。大豆価格は収穫量、沿線市場の動向、世界市場の動向、油房の操業状況、中国側の金融事情など、複数の要因が絡み合い騰落していた。それゆえ、大豆価格がどう変わるのか、その予測は難しかった[47]。満洲での大豆取引は変動常ない大豆価格の動向に左右されるというリスクを背負った、不確定要素の多い商売であった。

中国人特産商の優位、取引方法の不備、変動する大豆相場など、日本人特産商が大豆を取引する際には、いくつもの「危ない橋」を渡る必要があった。浮き沈みが激しく不安定な大豆取引は、三井物産のような大資本があってこそ継続的にできた商売であり、零細な個人商が長くできるものではなかった。反面、取引状況によっては大金を手にできる可能性もあったので、参入する個人商は後を絶たなかった。古河商事が作成した報告書は、満鉄沿線の日本人特産商の大多数は「ウマク他人ノ褌《フンドシ》ニテ相撲ヲトラントスル」人たちであり、「商取引ノ何タルカヲ解セズ、植民地気分ニ感染シタル放漫《ホウマン》ナル施策ヲナス輩《ヤカラ》」だと記している[48]。

日露戦争後に大量の満洲大豆が輸出されるようになったが、大豆取引は誰にでもできた商売ではなく特別な日本人がする商売であり、特産商は在満日本人のなかではわずかな人数であった。一定の修行を積み大豆取引のノウハウを身につけた日本人特産商、一攫千金をもくろみ危険な取引をあえて行った日本人特産商、大資本を背景に大豆取引を行った三井物産など、一口に日本人特産商といっても、いくつかのタイプがあったことを指摘したい。

一九二〇年代になると、満鉄沿線の大豆取引には以前とは異なる状況が二点生じていた。第一に、満鉄が混合保管制度を実施（一九年一二月）した点があげられる。混合保管制度とは満鉄が大豆を受け入れるとき、品質により等級別に受け入れる制度であった。この制度の利点は、大豆は等級別で大連へ輸送されるため、大連で等級別の取引が可能になったことである。例えば、長春で一等品大豆を買い付けて大連に輸送した場合、その現品が大連に未到着でも、大連で一等品大豆の受領ができるという制度であった。

混合保管制度は品質の一定化や取引の迅速化に貢献したが、満鉄沿線の特産商には打撃を与えた。というのは、それまで大連の特産商は沿線の特産商と連絡して大豆を入手していたが、混合保管制度により一定の品質の大豆を大連で入手できるようになり、沿線市場の特産商と取引する必要性は低下した。大豆混合保管制度は大連の特産商にとっては意味のある制度であったが、満鉄沿線の特産商にとっては取引を減少させる制度であった。そのため、満鉄沿線の特産商は混合保管制度を「需要者と供給者を接近せしめ、仲介業者存在の意義を根本から取り去つた」とみなし、不満を持っていた。(49) 大連と満鉄沿線の日本人特産商は混合保管の際の標準大豆の品位をめぐっても対立した。大連側は良質な大豆を得るためできるだけ品位を高くしようとしたのに対し、沿線側は少しでも品位を低くして大量の大豆を大連へ送ろうとしたからである。(50) こうした対立からは、満洲の日本人特産商と一口に言っても、どこを拠点にしたかにより利害が分かれ、一枚岩的な行動はとっていなかった点が指摘できよう。

第二に、官銀号系糧桟が大規模な大豆の買い占めをはじめたことである。中央政界進出を試みる張作霖は多額の軍事費を捻出《ねんしゅつ》するため、一九二〇年代に官銀号系糧桟を使い、大量の大豆買い付けを行った。とくに大規模に行われたのは、二六年秋から二七年春、二七年秋から二八年春、二八年秋から二九年春であった。官銀号系糧桟は大規模な大豆買い付けを行ったが、自分たちで大豆を世界市場に輸出することはまだできなかった。つまり官銀号系糧桟は大豆輸出商に買い付けた大豆を売り渡す必要があった。大豆輸出商は三井物産などの外国商社であり、官銀号系糧桟はこれら外国商社との良好な関係構築を求めていたと考えられる。

一九二〇年代に行われた官銀号系糧桟の大豆買占めが、三井物産をはじめとする日本人特産商の活動を脅かし、その活動を難しくしていたのは事実である。しかしながら、官銀号系糧桟が思いのままに大豆売買をしていたわけではなかった。例えば、官銀号系糧桟は買い付けた大豆を売る必要があるが、大連取引所を通じて売るならば、大量に売り出すため相場は必ず下がってしまう。そこで官銀号系糧桟は三井物産と話をつけ、大連取引所を利用せずに直接三井物産に売り渡した。官銀号系糧桟は二五年一一月から二六年六月までに、合計三万九〇〇〇トンの大豆を三井物産に売り渡していた(51)。官銀号系糧桟も大豆を売却しなければならなかったので、三井物産と協力関係を保っていたのである。

一方、三井物産も官銀号系糧桟との協力関係を必要としていた。官銀号系糧桟との協力は二つの目的から行われた。第一には、出張員の派遣という方法では買い付けできない場所の大豆を買い付けることであった。一九三〇年に三井物産はチチハル以北の斉克線一帯で大豆を買い付けようとしたが、出張員を派遣するだけでは無理なことが判明した。その理由は、①斉克線沿線では外国人の居住は許可されないこと、②電信、電話などの通信設備がないこと、③送金の方法がなく、現金は携帯する以外に方法はないこと、④官銀号系糧桟の勢力が強く、輸送に使う貨車の手配が無理なことなどであった。このため三井物産は官銀号系糧桟が買い付けた大豆を購入することにし、三一年春までに三万トンの大豆を買い付けた。三井物産ほどの機動力を持つ商社でも買い付け不可能な場所が存在し、そうした場所の大豆を買い付けるには官銀号系糧桟との協力以外に方法はなかったのである。

第二には、官銀号系糧桟がストックする大量の大豆を分けてもらうことであった。官銀号系糧桟もストックする大豆のすべてを売り抜くことは難しいことを知っており、「如何ニシテ之ヲ売抜クベキ哉《ヤ》苦心シ」ていた。こうした官銀号系糧桟の実情に三井物産はつけこみ、官銀号系糧桟から大豆を購入した[52]。

日露戦争後に日本が行った満鉄の運行、大連港の整備は、世界市場への大量の満洲大豆の輸出を可能にした。その結果、満洲経済の姿は大きく変わった。しかしながら、大豆取引の実態から見るならば、日本人特産商は常に有利な取引をしていたわけではなく、不安定な取引動向のなかで浮き沈みを繰り返していた。最大規模の三井物産でさえ、大豆の買い付けにあたっては官銀号系糧桟と協力するという満洲市場の現実をふまえた取引をしていた。大豆取引にあたり、日本人特産商と中国人特産商の協力関係はどのような状況で生じたのか、はたまたいかなる事態が生じると破綻《はたん》したのかについては、具体的な取引動向の実態を踏まえて理解する必要がある。

4　日本人輸入商の問題

日露戦争後、満洲市場で販売された日本製品は多岐におよぶが、なかでも綿糸布が多かった。日本製綿糸布のシェアは日露戦争後急速に拡大し、一九一一年には綿布、綿糸ともに満洲市場でのシェア第一を獲得した(53)。シェアが拡大した最大の理由は低価格に求められる。一〇年度の大連の「海関報告」は、英米製品より品質は良くないが、価格の安い日本製綿布の輸入が急速に増えていると述べている(54)。

満洲市場での日本製綿糸布のシェア拡大とともに、日本人輸入商の活動も活発化した。しかしながら、綿糸布売買による利益は大きくはなく、さらに満洲市場での相場動向は日本人輸入商にとって有利なものではなかった。例えば、奉天での綿布売買は、「原価ニ対シテ一歩五厘ノ利益」でも取引は行われ、平均すれば利益は二歩程度だと報告されていた(55)。満洲市場で販売された日本製綿糸布の価格は、大阪市場の相場が基準になっていた。それゆえ大阪相場と大連相場を比べて、大阪相場のほうが大連相場より高いならば、満洲市場で日本製綿糸布を販売しても利益は出ない。ところが大阪相場のほうが大連相場より高い、いわゆる逆ザヤ相場が多かった。

少ない利益率、不利な相場動向のため、普通に日本製綿糸布を売買したのでは多額の利益は得られないので、「思惑取引」とか「見込み取引」とか呼ばれた、相場の変動を予測して、下値で買い、上値で売り放す投機的な売買が行われた。「見込み取引」で成功するためには、下値で買い付け、上値で売り放すことができる資本力、情報収集能力、経験に裏打ちされた機敏な判断力などが必要であった。それゆえ、昨日今日に取引を始めた商人にできる商売ではなく、個人商にはリスクが大きい商売でもあった(56)。

日本製綿糸布の売買では、利益を出すのは難しいという状況が存在した一方で、中国人商人と取引する場合には代金の決済が問題となった。中国人商人との取引では、商品の受け渡しと同時に代金を受けとるのではなく、一ヵ月や三ヵ月後に代金を受け取る、延《の》べ取引で行われた。それゆえ、商品を渡してから代金を受け取るまでに時間がかかり、日本人商人には負担になっていた。例えば、公主嶺での綿糸布取引は六〇日間の延べ取引で行われた。このため「言語さへ完全に通ぜぬ異国の者」や「戸籍さへも定まり居らざる国の者」に、六〇日間の延べ取引という「弱き商売」をしており、一梱三〇〇円の綿糸の純益は八〇銭程度に過ぎないので、六〇日後にわずか八〇銭の利益を受け取るという「馬鹿気《ばかげ》たる商売」だと、その様子は述べられていた(57)。

延べ取引の弊害だけでなく通貨の相違も、代金の決済には影響をおよぼしていた。日本人は金建、中国人は銀建の取引をしていたことは既述したが、決済を金建でするのか銀建でするのかでもめることがあった。日本人商人は金建で決済したかったが、中国人商人は銀建を望む声が強かった。日本人商人も綿糸布が売れないことには困るので、不利は承知で銀建の取引に応じることも多かった[58]。

だが、中国人商人は銭荘（中国側の金融機関）を利用した金銀相場変動のリスク回避を行うようになったので、しだいに金建での取引が広まった。一九一〇年代に行われた方法は、あらかじめ中国人商人は売掛金相当の銀建通貨を銭荘に払い、銭荘から金建通貨の先買いをする。銭荘は中国人商人から受け取った銀建通貨を横浜正金銀行に持ち込み金建通貨を買い入れ、中国人商人に融通《ゆうずう》した。つまり、中国人商人→銭荘→正金銀行という方向で銀建通貨が流れ、その反対の方向に金建通貨が流れるという仕組みが機能することで、日本人商人と中国人商人の決済は行われた[59]。

一九二〇年代に奉天票の下落が著しくなると、日本人商人と中国人商人の決済にも混乱が生じていた。中央政界進出をもくろむ張作霖は軍事費捻出のため奉天票を乱発したので奉天票は下落を続け、中国人商人のなかには資金面で行き詰まり、取引不履行となるトラブルが続出した。かかる事態に対して、一九二六年三月に奉天綿糸布商組合は契約時に一割の手付金の徴収を決めた。中国人商人が取引の不履行をしないよう、契約額の一割を先に徴収するというのが主旨であった。奉天綿糸布商組合は満洲各地の同業者にも、同条件で取引を行うよう要望書を出した。しかしながら、鉄嶺、営口、大連の輸入商は実行不可能だと回答した[60]。鉄嶺の日本人商人は、中国人商人には小資本が多く、顧客に販売した代金で日本人商人と決済しているので、先に手付金を納めることには反対するだろうと主張した。

また、危険を伴わない完全な商取引など存在しないという事実も、認識する必要があると付け加えている[61]。

奉天綿糸布商組合が提案した一割手付金徴収に、とくに反対したのは東洋棉花であった。その反対意見は多岐にわたるが、①たとえ一割の手付金を徴収しても取引不履行になった場合、一割の手付金では損失補塡《そんしつほてん》できないので無意味である。②中国人商人は在満日本人商人とは取引しなくなり、大阪や上海の業者との取引を選択する。③通貨の不安定により商取引が危険になるという主張だが、外国貿易にも為替相場の変動リスクが存在する。アメリカとの取引では為替相場の変動に悩まされるが手付金の徴収などは行われていない、という点がポイントになっていた[62]。最終的には、在満日本人業者の意見はまとまらず、奉天綿糸布商組合の提案は実行されなかった[63]。

この問題からは、満洲市場で活動した同じ日本人商人でも、トラブル回避にどのような方法を用いるかについては、意見が異なっていたことがみてとれる。取引にあたって何をリスクと考えるのか、何を利益と考えるかは、日本人商人同士でも違ったのであろう。

取引不履行になったならば法的措置をとり、中国人商人から損害や債務を回収すればよいという意見は、法制度の完備した現代日本人の発想である。二〇世紀前半の満洲においては、中国人商人が破産したり、取引不履行に陥ったとき、日本人商人は債務を回収する有効な法的手段を持っていなかった。

例えば一九三〇年の奉天において、日本人商人が中国人商人から負債を回収しようとしたところ、中国人商人は払おうとしなかった。そこで、日本人商人が差し押さえをしようとしたが、中国人商人は警察官を呼び、これに抵抗した。日本人商人も日本側の警察官を呼び、交渉した結果、中国人商人は誠意ある回答を用意することを約束し、その場はおさまった。ところが翌日、商総会（中国人商人の団体）は中国人商人の店舗を封印し、日本人商人には回収できないようにした。日本人商人は商総会の一方的なやり方に抗議したが入れられず、最終的には債権の六割払いということで決着した。また、ある日本人商人は取引先の中国人商人が詐欺的な破産をしようとしていることを察知し、これに対抗するため中国側の裁判所に訴え、差し押さえをしようとした。ところが、この日本人商人の動向を知った中国人商人は商総会に依頼し、商総会に店舗を封印《ふういん》してもらう対抗措置をとった。そのため日本人商人は差し押さえができず、泣き寝入りするしかなかった(64)。

一九二〇年代に日本人輸入商を脅かしたのは、中国人商人の取引不履行だけでなく、中国人商人が満洲の日本人輸入商を通さず、直接日本で買い付けを始めたことであった。長春では一九二四年に日本と直接取引する中国人商人への警戒の声があがっていた(65)。そして二七年になると、中国人商人は「仕入地に店員を派出」したり、「仕入地より直接購買する」ようになり、日本人商人は不利な立場にあると指摘された(66)。とくに大阪へは多数の中国人商人が買い付けに赴いていた。これらの中国人商人は「川口華商」と呼ばれ、二五年の調査では満洲から一九二名来ていると報告されている(67)。

満洲市場で中国人に対して何を売るのか、中国人のニーズをつかむことに日本人輸入商人は十分に対応できていなかった。例えば、自転車の使い方は日本人と中国人は異なった。中国人商店では荷物は店員が担いで運ぶのが普通であった。それゆえ、自転車を中国人商店に売り込めば必ず購入してくれるだろうという考えは、日本人ならば思いつきやすい。だが中国人の間では、自転車は富裕層が軽快な移動を楽しむ道具に使われており、自転車で荷物を運ぶという発想は中国人には乏しかった。したがって、富裕層の娯楽道具としてなら自転車は売れたが、荷物の運搬用としてはほとんど売れなかった(68)（誤解のないよう、現在の中国ではこうした考え方は消滅している）。

中国人の生活の変化が新たな商品需要を生み出すこともあった。一九二〇年代後半の奉天では、付属地の日本人玩具店に金持ちの中国人が乗用車で乗りつけ、ゼンマイ仕掛や電気仕掛の高級なおもちゃを購入する光景が見られた。中国人の顧客が増えたことから、日本人玩具商も中国人の要望に応えるため豊富な品揃えを心掛けた。二九年に奉天を視察した名古屋の玩具商は、視察前は奉天の玩具商のことなど馬鹿にしていたが、視察後は「内地であつたら尠《すくな》くとも五万円以上の資金を投じた店と同様の高級品を取揃へています」と述べていた(69)。

自転車の事例は中国人のニーズを読み誤ったケースであり、玩具商の事例は中国人のニーズにうまく適合したケースである。日本人相手ではなく、中国人を相手に商売を成功させるには、中国人を深く知る必要がある。日本から商品を運び、店先に広げれば商売が成り立つわけではなかった。

日本人輸入商も何も考えていなかったわけではなく、日本製品の販売促進をはかるため輸入組合の設立を計画した。この計画には満鉄も協力を示し、一九二八年八月に満洲輸入組合連合会が設立され、満洲各地の一七都市に輸入組合が結成された。満洲輸入組合の目的は、組合員に対する仕入資金の貸付、商店経営・商習慣の改善、仕入れの斡旋《あっせん》・仲介が主であった。満鉄は約三〇〇万円の融資をして、日本人商人の活動をバックアップした。満鉄消費組合をめぐり、満鉄と日本人商人の間には対立関係もあったが、満鉄はこの時は日本人商人を援助したのである(70)。

満洲輸入組合は在満日本人商人の商習慣を改善する目的も持っていたが、実際には日本人商人への資金援助を行ったに過ぎなかった。創立一年後の第一回定時総会（一九二九年六月）で満鉄興業部長の田村羊三は、「今日迄《まで》の処《ところ》では稍金融組合の観があり、その範囲を出てない」と述べ、続けて肝心の商売改善、中国人への販路拡大などについてはまったく努力していないと現状を批判した(71)。三一年六月に行われた第三回定時総会で満鉄の木村殖産部次長は、現在の輸入組合の仕事は金融関係が八、九割を占めるので、今後は輸入貿易の増進に力を入れたいと述べた(72)。満洲輸入組合は金融面で日本人商人を助けた側面はあったが、商習慣の改善をうながす役割はあまり果たさなかったと考えられる。

中国人への販売を増やそうとする試みも行われた。奉天商業会議所は一九二八年と二九年に瀋海鉄道沿線に商品の売り込みを行った(73)。営口商業会議所は二九年に打通鉄道沿線での商圏拡大を試みた(74)。また、日本人商人のなかには、最近中国人の生活レベルが向上し、日本人商店で買い物する中国人の姿が増えたので、今後は中国人の集客にも努力したいという意見を持つ人もいた[75]。日露戦争から二〇年あまり経ち、ようやく日本人商人は満鉄付属地の外にも販路を求める努力を始め、中国人を顧客にする意識を持つようになったのである。

しかしながら、まだまだ日本人商人の頭は固く、中国人を顧客にする試みは空回りしていた。例えば、満洲輸入組合の主催により満洲見本市という大規模な見本市が一九三〇年以降毎年一回、大連で開催された。第二回の見本市を参観したある日本人は、一見して在満日本人を対象とした見本市であり、「三千万の在満中国人を購買者とする出品物」が少ないとし、さらにはせっかく見本市にやってきた中国人をきちんと相手にしていないとも述べていた[76]。

以上の考察から、日本人が満洲で輸入商を営み、中国人商人との取引をうまくやっていくことは、そう簡単ではなかったことが明らかになった。また、中国人を取引相手として認めていない雰囲気も存在した。他方、中国人商人は日本で買い付けを行い、日本人輸入商への依存度を低めていた。この結果、満洲事変前になると小資本の輸入商が活動できる範囲は縮小し、満洲の有力な日本人輸入商は国内製造業者の支店か「内地ニ本店ヲ有スル貿易商」のどちらかになってしまった[77]。

5　日本人小売商の問題

日本人商人のなかでも最も多かった小売商は、在満日本人相手の「共食い商売」をしており、中国人を顧客にしていなかったことはすでに述べた。中国人に対する日本人小売商の商売振りは、一九一〇年では次のように観察されていた(78)。

風俗習慣を異にする支那人が日本人の小売店に来て物を買うはずがない。いわんやチャンコロあつかいされ、さらに不当な売価を請求する日本人の店などに。要するに対支那人貿易とは支那の農産物を買い集めるか、もしくは日本の工業品を支那人の問屋に卸売するかにあるもので、日本人の小売商売は対支那人商売とは全く別物である。即《すなわ》ち日本人のみを相手にする商売にすぎない。

中国人と日本人の習慣、嗜好は違うので、日本人商店に中国人の欲しがる商品は並んでいないこと、中国人は「チャンコロ」あつかいされ、お客に思われていない様子を知ることができる。一九一八年に大連を訪れた日本人旅行者は、「一度大連の町を歩いたものは直《す》ぐに気がつく」が、中国人で日本人相手に商売している人はいるが、日本人で中国人相手の商品をならべている人はいないと述べている(79)。

中国人を客と思わない日本人小売商の振る舞いは、その後も続いており、各種の新聞、雑誌には中国人の苦情、不満が掲載されている[80]。中国人を顧客と考えていなかった点は宣伝にもあらわれていた。日本人商人の宣伝は日本人への宣伝であり、「看板の如きも中国人の目を惹く」ものはなく、「中国人は寧《むし》ろ入つては悪いのではないかという感を懐《いだ》けり」という状況であった[81]。

日本人に対しても、客を客と思わないぶっきらぼうな対応をする日本人小売商は多かった。『満洲日日新聞』には年度を問わず、サービスの悪い日本人商店を批判する投書が掲載されている[82]。そして、客に「売ってやる」という態度の日本人小売商への苦情は、満洲国期の『満洲日日新聞』にも多数掲載されている[83]。

日本人商店はサービスが悪かった上に、商品の値段も高かった。価格の高い理由を日本人小売商は、日本からの運賃を上のせするので国内より高くなると説明していた。例えば、懐中電灯の値段（一九二九年調査）は、東京と大連では次のような差があった。東京では大一六銭、小一四銭であったが、大連では大五〇～七〇銭、小四〇～六〇銭で販売されていた[84]。運賃がかかるとはいえ、かなり高い値段で売られていたのである。

サービスが悪く、価格も高い日本人小売商の前に立ちふさがったのは、満鉄消費組合と中国人商人であった。満鉄消費組合（一九一九年一〇月設立、二五年四月に満鉄社員消費組合へ改組）は既述したように、満鉄社員に日用品を提供する協同組合であった。当初日本人小売商は満鉄消費組合を「士族の商法」と称し、自分たちに影響はないと考えていた。ところが、満鉄社員の多くは満鉄消費組合を利用した。おりしも第一次大戦後不況がおしよせ商況が沈滞したことから、日本人小売商は満鉄消費組合に敵意を持つようになった。在満日本人の半分近くを占める満鉄社員とその家族が日本人商店にはあらわれず、満鉄消費組合を利用することが商況不振の原因だと日本人小売商は考えたのである。そのため、日本人商人による満鉄消費組合運撤廃動は一九二一年を皮切りに断続的に行われた。

消費組合撤廃要求に対し、満鉄は反対を表明していた。満鉄は会社が社員の生活を守ることに反対される理由はなく、消費組合を設立するぐらいの措置は「内地に於《お》ける大会社銀行の与《あた》ふる保護」に比べれば「余りに薄弱」だと反論した(85)。また社員も消費組合の撤廃運動を繰り返す日本人商人に批判的であった。消費組合は日本人小売商の暴利行為に対抗するため自衛的に生まれた組織であり、物価高騰の抑止力でもあるので撤廃はできないという意見が満鉄社員のなかでは強かった(86)。このように満鉄社員と日本人小売商との間の溝は深く、在満日本人といっても一枚岩ではなかったのである。むろん、中国側による排日運動の際などには団結して抵抗したが、日本人内部でも利害が対立する局面があったことを指摘したい。

満鉄消費組合の活動により日本人小売商の営業が不振に陥るなかで、一九二〇年代になると中国人小売商が日本人小売商の競争者としてあらわれた。中国人商店に並ぶ雑貨や食料品はとにかく安かった。その理由は、中国人の生活水準は在満日本人より低かったので、日本人より利益が少なくても生活できた点にあった。中国人小売商はビール一箱に三銭しか利益がなくても売り出し、はてはビール箱と釘が手に入ればよいと考え原価で売ることもあったという(87)。

一九二〇年代には小売商以外に床屋、洋服製造業、洗濯屋、料理屋などの職人的な業種でも中国人の活動は顕著になった。中国人の床屋は衛生的に汚く、日本人の好みに合う散髪ができないため、日本人は日本人の床屋へ、中国人は中国人の床屋へ行くという住み分けができていた。だが中国人の床屋は日本人を顧客にするため、衛生、技術に気を使うとともにタバコ、お茶、按摩《あんま》のサービスをはじめた。また何よりも料金が安かった。このため日本人の床屋は振るわなくなった。大連では一二年の時点で日本人の床屋は一五五軒、中国人の床屋は一一七軒であったが、二六年には日本人九八軒、中国人二一四軒になっていた(88)。洋服製造業は日露戦争後では日本人の独擅場であった。なぜなら、中国人は洋服を仕立てる技術を知らなかったからである。だが、二〇年代になると日本人洋服店に奉公して技術を習得した中国人が独立し、日本人洋服店の顧客を奪うようになった(89)。

日本料理店の板前《いたまえ》は日本人だという常識も一九二〇年代には崩れていた。日露戦争後では日本料理店の板前はみな日本人であったが、しだいに奉公の中国人店員は腕前をあげ、日本人と同じ料理を作るようになった。すると、給料が高く、満洲までわざわざ来てやっているという意識まるだしの日本人板前は淘汰《とうた》されてしまった(90)。食料品のなかでも豆腐は、日本人も中国人も好んで食べた。中国人の作る豆腐はかたさや味が日本人の作る豆腐とは違ったので、在満日本人が食べる豆腐は在満日本人の営む豆腐屋が作っていた。ところが、一六年に日本人向けの豆腐を作る中国人豆腐屋が登場した。そして二〇年代になるとその数は増え、在満日本人の豆腐屋は劣勢に立たされた(91)。

こうした中国人商工業者の台頭は中国人の努力という側面もあるが、満洲で活動した日本人小売商・職人の仕事の多くは、誰にでもできる内容であった点も大きい。大資本と先端技術を必要とする鞍山製鉄所や撫順炭坑の経営などは容易にまねできないが、洋服製造や板前などは修行さえすれば日本人であろうと中国人であろうと差はなかった。ましてや小売商は商品を仕入れ、看板を出せば一応はできた商売であった。つまり日本人小売商・職人の持つノウハウがたいしたものでなかった点も、二〇年代に中国人小売商・職人が台頭した理由だと考えられる(92)。

一九二〇年代になると中国人商人に脅かされ、満洲から引き上げる日本人小売商・職人もいたが、相も変わらない商売を続ける日本人も多かった。一般的にはサービスが悪く、値段の高い商店は淘汰される。だが、満洲の日本人商工業者についてはこうした一般的な理解では説明できない部分があった。なぜサービスが悪く、値段の高い日本人商工業者が生き残れたのか。この問題の解答は顧客であった在満日本人の側にあるので、まずは在満日本人の生活状況についてみてみたい。

満洲を視察した日本人の多くは在満日本人の派手な暮らしぶりに驚いていた。満鉄や関東庁に勤務する人には外地手当がつくので高給を得ていた。また日本人を代表しているというプライドから、見栄をはってでも裕福な暮らしをする人が少なくなかった。出入りの商人にも貧乏くさいと思われるのを嫌がってか、米や砂糖の目方が正しいかどうかを確認しない人が多かったという[93]。ここで指摘したいのは、日本人小売商の顧客であった在満日本人は贅沢な暮らしをする人が多かった点である。

次に『経済満洲』に掲載された「在満邦商の特質―書籍定価売問題に寄せて」という論説を手掛かりに、なぜ満洲の日本人商工業者は商売を続けられたのか考えてみたい[94]。まずこの論説は、満洲で販売されている書籍は定価より一〇～一五％割増し価格であることをとりあげる。書籍商組合はその理由を、日本からの運賃を転嫁していると主張した。しかし、満鉄側より一〇～一五％も割増しするほど運賃は高くないと指摘され、書店側の主張には根拠のないことが判明した。すると書籍商組合は、満洲の物価は日本より高いので、書籍の価格を日本と同じにするならば生活できないという理由を主張し始めた。つまり書籍の割増し販売は、運賃が理由ではなく、満洲で暮らす日本人の状況に起因したのである。そこで論点は、在満日本人の具体的な生活状況に移っていく。

論説は在満日本人の事例として、ハルビンの非邦人居住区で開業する日本人床屋をとりあげて分析している。論説の作者は、日本人以外を相手に営業するその心意気を壮《そう》として、この日本人床屋に通っていた。顧客はロシア人や中国人なので、代金は日本人が使う金建の金票（朝鮮銀行券）ではなく中国人の使う銀建のハルビン大洋票が使われ、作者もハルビン大洋票で払っていた。ところが二〇年代にハルビン大洋票の価値は下落したため、散髪料五〇銭をハルビン大洋票で受け取るならば、金票では一七～八銭にしかあたらなくなった。このため床屋の主人は「邦人のお客は金票（朝鮮銀行券）で払って欲しい」と言い出した。そして、その理由をハルビンにも日本人とくにサラリーマンが増え、日本人サラリーマンの暮らしぶりは贅沢な人が多く、以前からハルビンに住む日本人は笑われないよう、見栄をはってでも良い生活をしなければならないと説明した。「子供らを小学校に出せばサラリーマンの人の子供と同じ」にする必要があり、「支出は年一年とふえる一方なのに、収入は支那人床屋のべらぼうなサーヴィスによる競争と、大洋の下落とにより減少するばかり」だと言い放った。

この日本人床屋は日本人のサラリーマンがハルビンにたくさん来て、ハルビン日本人社会の生活水準を引き上げたことが苦境の一因だと認識していたのである。他の日本人のことなど気にせず、「中国人やロシア人になったつもりで暮らせばよいではないか」という意見に従うことは、日本人社会とつながりを持つ限り無理な注文であった。

論説は最後でふたたび書籍の割増し販売の問題に戻り、割増し販売の原因は日本人月給とりの外地手当に起因すると指摘する。多額の給料をもらっているので少々高くても購入でき、このため生活水準が高くなり、それが周囲の日本人にも波及するのだと説明している。要するに、満洲の日本人小売商が高い価格で売り、サービスが悪くても通用したのは、在満日本人という特殊な生活様式を持つ社会が、これを許していたからだとまとめられよう。

日本人商店の品物は高いと言いながらも、日本国内と同じ物を買おうとする日本人が満洲にはいた。買う人がいるから商店も売るのを止めない。こういう関係はハルビンを事例に既述したが（一二七頁）、大連や満鉄付属地の日本小売商と在満日本人の間にもあったと考えられる。むろん日本人商店のなかにも淘汰された商店はあった。だが、高い給料をもらう在満日本人や国内と同じ物を買う在満日本人は存在したので、日本人商店が消滅することはなかった。

大連には所得水準の高い日本人が多く、小売商にとって営業しやすい場所であったことを、一九三一年一月二日の『満洲日報』は次のように報じている。世界大恐慌の影響を受け、日本国内は不況のどん底にあえでいたが、「サラリーマンが異常に多い大連市ではボーナスが五分や一割減額」されても購買力はそれほど落ちない。「購買力が減少しない大連は小売商人にとつて天国だ」と語る店主がおり、「職のある者は内地のサラリーマンに比べて五割乃至《ないし》倍額の収入に恵まれている」ので生活水準は高く、大連は「サラリーマンの構成する中産知識階級の天国ともいわれる安逸《あんいつ》」の場所だと述べている。(95) こうした特殊な住民構成のため、質の悪い日本人小売商が生き残れる範囲があったのだと思われる。

満洲事変前において日本人小売商は、中国人商人との競争激化や満鉄消費組合の圧迫により、厳しい状況に置かれた。それでも商売が可能であった理由は、純粋な経済的要因からでは説明できない。販売価格や利益率からのみ考えるならば、「日本人小売商の満洲での商売は不可能」という答えが出てくるだろう。だが、現実には日本人小売商は商売を継続し、満洲での暮らしを続けていたのである。

筆者は日本人小売商が存在できた理由について、顧客であった在満日本人の意識や行動様式を導入することで説明したいと考えている。つまり、在満日本人には比較的高い給料を得ている人が多く、さらに日本人を代表して外国に暮らしているというプライドが強かったがゆえに、貧乏くさい生活を敬遠する傾向にあった。そのため、少々値段が高くても日本人商店で買い物する在満日本人は絶えなかった。また、いくら安くても、馬鹿にしている中国人から物を買うのは抵抗があった点も、理由の一つに加えたい。在満日本人の生活状況こそが、日本人小売商の乱暴な商売を可能にさせていたと言えよう。

6　満鉄の変化

一九二〇年代においても、満鉄の社長人事は国内政治の影響を受けていた。政友会をバックに社長に就任した川村竹治（在任二二年一〇月～二四年六月）は、二四年六月に憲政会総裁の加藤高明を首相とする内閣が組織されたため、辞任を余儀なくされた。その後、新社長には憲政会系の安広伴一郎（二四年六月～二七年七月）が就任した。安広は関連会社の整理を行うとともに、社員のリストラ、家族手当の廃止などを行い、冗費の節約を第一とする方針を断行した(96)。こうした緊縮主義、消極主義に不満を唱える声もあったが、このとき人事課長であった入江正太郎は、決裁書類について鋭い質問をしたり、自説に固執せず各重役の意見を巧みに取り入れて結論を出す安広の姿を見て、「事務的手腕に至っては、恐《おそ》らく何《いず》れの代の社長も及ばなかった」と、その能力を高く評価している(97)。

一九二七年四月に田中義一《ぎいち》を総理とする政友会内閣が成立すると、社長には自らも政友会に所属する山本条太郎（二七年七月～二九年八月）が就任した。山本は創業から二〇年を経た満鉄は「制度疲労」を起こしていると考え、業務の「実務化」と「経済化」を主張して社内改革を進めた。山本は満洲を日本への食糧・原料の供給地や日本製品の市場と考えていた。それゆえ満洲に工場を建設して日本国内の工業に脅威をおよぼすような政策には反対であり、満洲での工業育成は国内では生産できない分野に限ることを主張した(98)。また満鉄培養線建設のため、外務省を無視して張作霖と直接契約するという独断的な行動もとっていた（この契約は張作霖の爆殺により無意味に帰した）。二九年七月に田中内閣は総辞職し、民政党の浜口雄幸《おさち》内閣が成立したため山本は社長を辞任した。

新総裁（総裁制へと変更）には「民政党の大御所」と称された仙石貢（二九年八月～三一年六月）が就任した。仙石は肥大化して非合理的な業務を続ける満鉄に対して「能率化」と「合理化」を主張し、無駄や腐朽の除去に力を注いだ。それゆえ事業費の削減や系列会社の整理を進め、三〇年六月には高級社員一三〇名を含む約八〇〇名のリストラを行った。こうした緊縮的な経営を進める仙石総裁に対し、満鉄に依拠して生計を立てていた在満日本人商工業者は不満であった(99)。そうしたなか仙石は体調を壊し、三一年六月に総裁を辞任した（一〇月に死去）。ついで、政党とはやや距離のある外務省出身の内田康哉（三一年六月～三二年七月）が総裁に就任し、満鉄は満洲国の建国を迎えた。

日本国内の政治情勢により入れ替わる社長や重役たちに対して、社員たちが不満を持つのは自然のなりゆきであった。一九二四年に満鉄の社員が刊行した『満鉄ノ使命ニ鑑《カンガ》ミテ吾人《ゴジン》ノ衷情《チユウジヨウ》ヲ披瀝《ヒレキ》ス』という小冊子は、重役たちの状況を「座席暖マルノ暇ナク、政変ニ伴《トモナ》ヒテ飄然《ヒヨウゼン》トシテ来《キタ》リ、卒然《ソツゼン》トシテ去ル」と形容し、これでは満鉄の未来は暗いので、満洲事情に理解を持つ、きちんとした人を重役に任用して欲しいと述べている[100]。

国内の政治動向により満鉄首脳が入れ替わることに、在満日本人の商工業者も不満を持っていた[101]。在満日本人商工業者の多くは満鉄に依存していたので、首脳陣が入れ替わり、緊縮政策が出されたならば、経営不振に陥る可能性が高かった。実際、小売商の売り上げや土建業者の仕事は、満鉄の動向に左右されていた。例えば、一九二九年に満鉄遼陽工場が廃止されたため、遼陽の商店や料理店は売り上げが減少する懸念を唱えていた[102]。また満洲土木建築業協会長は幣原《しではら》喜重郎《きじゅうろう》外相に対して、満鉄は減収を口実に三〇年の発注を前年の半分とし、さらに三一年七月には既定の土木建築工事の全面的中止を伝えてきたが、これでは満洲の土建業者はやっていけないと嘆願《たんがん》を出していた[103]。

一九二〇年代になると満鉄は社員数三万人をこえる巨大企業になり、本社だけでなく系列会社もあわせるならば、満鉄が在満日本人経済のなかで占める位置は圧倒的であった。資本金は創業時の二億円から四億四〇〇〇万円になり、関係会社も五七社（三〇年）に上った。それゆえ、「満鉄コンツェルン」とか「満鉄王国」などとも呼ばれていた[104]。満鉄の組織は巨大化したため、もはや創業期のような重役と社員が一緒になって取り組む気風はなくなってしまった。吉田茂は奉天総領事に在職したとき、満鉄の経営は「島国式」になってしまい、後藤新平総裁時代の「大陸的気魄《きはく》」を失ったと、満鉄の状況を批判していた[105]。

組織の巨大化はいつしか社内に派閥を生じさせ、派閥の動向は社員の言動を背後で左右した。満鉄内の派閥は財閥や門閥とは無関係であり、学閥が圧倒的であった。事務系では帝国大閥が大きな位置を占め、高等商業卒の高商閥や旅順工大閥などもあったという。満鉄が経営した病院の医師は以上のような派閥とはまったく異なり、大連医院は京大医学部卒が独占的し、満鉄付属地の満鉄病院は慶応大学医学部卒の勢力下にあった[106]。

帝国大閥が優勢であった満鉄において、神戸高商卒が台頭した時期があった。一九三〇年の職制改革のとき、本社一二部の次長のうち四部を神戸高商卒が占めた（表11）。半分は東大卒であるが、東大卒の社員が多いなかで神戸高商卒が次長の三分の一を占めたのは注目に価する。ちなみに東京高商卒は一人もいない。神

表11　満鉄本社12部局の次長―1930年―

部局名	氏　名	学　歴	生年
工事部次長	佐藤俊久	1906年東大卒	1878
鉄道部次長	鈴木二郎	1908年東大卒	1884
総務部次長	木村　通	1910年東大卒	1886
交渉部次長	石川鉄雄	〃	1886
炭鉱部次長	築島信司	1911年東大卒	1882
地方部次長	山西恒郎	1907年神戸高商卒	1886
経理部次長	竹中政一	1908年神戸高商卒	1883
用度部次長	白浜多次郎	〃	1885
計画部次長	向坊盛一郎	〃	1884
殖産部次長	武部治右衛門	1910年神戸高商卒	1887
販売部次長	小川逸郎	1909年東京外語卒	1887
製鉄部次長	富永能雄	1909年長崎高商卒	1886

出典　『課級以上組織機構変遷並に人事異動一覧表』龍溪書舎，1992年，『人物12』より作成．

戸高商卒が満鉄内の要職についたのは、神戸高商が努めて優秀な卒業生を満鉄に送り込んだからであった。例えば、経理部次長の竹中政一は首席卒業生であった。しかしながら、満洲事変以降は帝国大閥に押さえ込まれてしまったようである。

満鉄の人事採用がどのように行われていたのか、詳しい内容を示す資料は現在のところではないようである。一九三〇年の『協和』に掲載された論説によると、三〇年の採用は事務系が三三名（国内二七名、満洲八名）、技術系は六七名（国内四五名、満洲二二名）であった。応募者は一一七三名いたので約一一倍の狭き門であった。出身大学の内訳は国内採用者の事務系のみが掲載されており、大卒一八名のうち、京都帝大六名、東京帝大五名、早稲田大学二名、東北帝大、九州帝大、法政大学、日本大学、商科大学が各一名となっている。満洲で生れ育ち、満洲の学校を卒業した人の評判は良くなかった。選考委員は「満洲在住者の子弟は、物質的に満洲は楽だし、のんき」だと考え、「開拓精神に非常に乏しい」のであまり採用したくないと述べていた(107)。

この論説は新入社員の採用にあたって、満洲や満鉄についての知識は重視していないとも述べている。満洲がどういう場所かについてよりも、「大きい組織の会社だから、……協同的な精神に富んだ者」を選んだという。こうした社員選考からは、満鉄社員が仕事をするうえで、満洲という土地柄や中国人の特性などに関する知識は必要なかったのではないかという疑問が浮かぶ。一九二五年に地方部部長の田辺敏行は、満鉄を退社した人は満洲に残っても「剪刀《はさみ》をもがれた蟹」に等しく、できる仕事がないので日本に帰るしかない。「満洲経営の根幹たる満鉄の仕事」に従事していながら、退社後に満鉄で得た知識を生かして独立できないのは「平常の心掛けか悪くて支那語も知らない、支那側の事情も知らない」からだと述べている。[108] この発言を裏返せば、中国語や満洲事情を知らなくても満鉄の勤務はつとまったことを示していよう。

中国人への認識が低い点は、中国人労働者の状況把握にもあらわれていた。満鉄の社員数は昭和期

表12　満鉄のリストラ

年　月	内　容
1920年6月	職員514名，雇員786名，傭員6200名
1923年4月	職員738名，傭員534名
1924年4月	職員280名，傭員583名
1925年4月	職員488名，傭員1614名
1926年4月	職員219名，傭員230名
1930年6月	899名(内訳不明)
1931年7月	2,014名(内訳不明)

出典　満鉄『第二次十年史』141頁，『第三次十年史』130頁より作成.

表13　満鉄の鉄道営業状況（単位：千円）

年度	鉄道収入		合　計
	客　車	貨　車	
1907	3,594(36.8%)	6,160(63.1%)	9,769
1910	3,265(20.8　)	11,642(74.3　)	15,672
1913	5,069(22.8　)	16,159(72.5　)	22,275
1916	6,040(21.7　)	19,882(71.5　)	27,815
1919	14,244(21.2　)	46,306(69.1　)	67,061
1922	12,389(14.1　)	69,518(79.2　)	87,813
1925	14,531(14.9　)	80,536(82.7　)	97,395
1928	17,619(14.9　)	97,738(82.8　)	118,076
1929	17,452(14.8　)	101,089(83.3　)	121,392
1930	11,461(12.1　)	77,937(82.4　)	94,576

出典　満鉄『十年史』349～350頁，『第二次十年史』374頁『第三次十年史』576頁より作成.
注　鉄道収入の合計には雑収入を含む.

には三万人以上に達したが、業務のすべてを社員だけですることはできず、社員とは別に中国人労働者を使っていた。社員外の中国人労働者は時期により人数は変動したが約五万人いると算出されていた。社員を上回る人数の中国人労働者を使いながら、これら中国人労働者の状況は等閑《とうかん》に付されていた。満鉄の社員は、中国人労働者に関しては「自分等の職務外」のような態度をとっていたという。それゆえ、満鉄が社員外の中国人労働者について調査したのは、なんと一九二八年であった[109]。満鉄は創業から二〇年間以上も社業を底辺で支えた中国人労働者について、無関心を通してきたのである。

一九二〇年以降、満鉄は毎年のようにリストラを行っており、外見の巨大さにもかかわらず、その営業内容は厳しかった（表12）。以下では、一九二〇年代の満鉄の収益動向について見てみたい。

満鉄の事業のなかでも鉄道部門の収益は多く、満鉄のドル箱的部門であった。鉄道収入の内訳は貨車のほうが客車より多く、全体の六〇〜八〇%を占めている（表13）。満鉄は人間より貨物を輸送して利益を得ていたのである。ついで貨車輸送とその収入について見てみたい。表14は大豆・豆粕と石炭

表14　重要貨物の輸送量と運賃収入
（単位：%）

年度	輸送量		運賃収入	
	大豆・豆粕	石炭	大豆・豆粕	石炭
1907	23.7	10.3	37.3	4.1
1910	23.6	30.3	48.8	12.8
1913	15.5	48.2	35.9	26.5
1916	20.7	42.7	39.5	19.1
1919	21.9	31.3	41.0	17.5
1922	17.2	41.2	30.4	29.0
1925	14.9	45.2	27.8	35.0
1928	16.5	49.5	30.9	36.3
1929	18.4	48.1	35.3	35.3
1930	14.5	51.3	29.6	40.8

出典　満鉄『十年史』340〜343頁，『第二次十年史』349頁，『第三次十年史』520〜524頁より作成．

が全体の輸送量、収入のなかに占めた割合を示している。一九一〇年では輸送数量では大豆・豆粕二三・六％、石炭三〇・三％で石炭がやや多かった。輸送量は石炭のほうが多いにもかかわらず、運賃収入では大豆・豆粕四八・八％、石炭一二・八％であり、大豆・豆粕がまさっている。運賃収入に大きな割合を占めた大豆・豆粕の輸送量は減少傾向を示し、三〇年では輸送量は一四・五％、運賃収入は二九・六％にまで落ち込んだ。これに対して石炭の輸送量、運賃収入は増えている。満鉄が輸送した石炭の大部分は満鉄が直営する撫順炭坑の石炭であり、満鉄は撫順炭を輸送して収益をあげていたのである。大豆・豆粕と石炭の運賃収入を合わせるならば六〇％前後になり、満鉄の収入は大豆・豆粕と石炭の輸送に依存していたと言えよう。

以上のような収益構成のため、大豆・豆粕と撫順炭の輸送量は満鉄にとって重要なものであった。しかしながら、大豆・豆粕の輸送量は低迷していた。その理由として、一九二〇年代になると大豆の生産地は満鉄沿線ではなく、満洲北部の東支鉄道沿線に移った点があげられる。より多くの大豆を集めるには、東支鉄道沿線に赴く必要があった[110]。そのため、満鉄は北満産大豆を大連に集め、少しでも収益を増やそうとさまざまな画策を行った。

第一に、満鉄は大豆輸送の運賃を引き下げ、北満産大豆を大連に集めようとした。第二に、満鉄は一九二二年に東支鉄道と大豆混合保管協定を結び、長春以北の大豆を満鉄に吸収する試みを始めた。第三に、国際運送会社を二三年に設立し（二六年に国際運輸会社に改組）、東支鉄道沿線の大豆を馬車輸送により満鉄沿線に集めることを始めた。「国際の馬車輸送か、馬車輸送の国際か」とも言われ、社員のほとんどは満鉄からの出向社員であった[111]。第四に、協和桟、成発東という中国人名義の大豆買付け会社を設立して、北満一帯で大豆を買い付けさせた。協和桟、成発東は採算を度外視するかのような買い付けを行ったので、日本人特産商もその影響を受け大豆の買い付けができなくなってしまった[112]。第五に、培養線の敷設を行い、より多くの大豆を満鉄に吸収しようとした。満鉄が直接経営する鉄道は敷設できないので、外交交渉により鉄道の借款建設契約を獲得し、満鉄に接続するよう線路を敷設することが二〇年代には行われた。

一九二〇年代になると北満産大豆の集荷が重要になったため、満鉄沿線から離れた北満や奥地で活動する社員が必要となった。ところが満鉄社員の多くは沿線外での活動を敬遠していた。そうした状況を奥地勤務の長い村田熊三[113]は、満鉄社員のほとんどは居心地のよい大連や満鉄沿線に執着し、「官立大学、専門学校等の学歴あれば、会社における地位比較的安全」なため奥地への関心はないとしている。また一〇年におよぶ奥地勤務の間で、役に立った社員は一、二名ぐらいしかいなく、「通訳風の社員」は言葉はできても奥地での実際の活動は全然だめ、「豪傑気取り」の社員もよく配属されるが、思考が単純であり「奸智に長じた」中国人相手の仕事などとてもできないと、満鉄の人事政策を厳しく評価している。そして、「邦人は日本式の常識で満蒙を律せんとし、しかも目前の安逸を計らんとするから満蒙に延び」ないと、日本による満洲経営の問題をまとめている[114]。

より多くの大豆を輸送しようと満鉄は苦闘したが、大豆輸送量の総量はそれほど増えなかった。そうしたなか、張学良政権による満鉄平行線問題が浮上してきた。条約上では、一九〇五年に調印された「満洲に関する日清条約」付属取極《とりきめ》第三により、満鉄と平行する鉄道敷設は禁止されていた。だが張学良政権はそれを承知で、「満鉄包囲鉄道網」の建設を進めた。こうした鉄道建設は日本国内の反発をかい、張学良政権の条約無視を糾弾する論調が各新聞の紙面を埋めていた。

他方、一九二九年以降世界大恐慌の影響を受け、銀相場が暴落したため金建運賃の満鉄には不利な状況が生まれた。満鉄の収益は悪化し、民間株の配当も三〇年は八％（前年は一一％）に減少した。収益の悪化は、日露戦争の勝利のすえに獲得した満鉄が危機に陥っているという意識を日本人に持たせた。そしてその原因は、張学良政権による「満鉄包囲鉄道網」に求める見解が力を持ち、日本人の世論は張学良政権の非難へと向かった。

しかしながら、近年の研究は中国側鉄道の輸送力は満鉄に比べ劣っており、満鉄に対抗できるレベルには達していないこと、満鉄の一九三〇年の貨物輸送量、収入は減少してはいたが、中国側鉄道の活動がその主因ではなかったことを明らかにしている[115]。つまり、満鉄の収益悪化と張学良政権による「満鉄包囲鉄道網」の因果関係はうすく、実態以上に「満鉄の危機」と「満鉄包囲鉄道網」は結びつけられたのである。

関東軍の軍事行動を容認するムードは、満鉄社員のなかにもあったことを指摘しておきたい。満鉄社員は自由な雰囲気を好み、反軍的な考えを持つ人が多かったが、思考の根底には「国策遂行者」という意識が流れていた。それゆえ関東軍の行動に反発を感じはしたが、他方では、いたしかたないという心情も持っていた。この点を満鉄に勤務した野間清（一九三一年入社）は、「満蒙問題の処理をめぐる満鉄社員間の二つのながれは、表面、相対立する異質の志向のようではあるが、実は同じ基盤―植民者的思考を基盤に生まれた双生児であった」と指摘し、「たがいに反発する」一面と、「たがいに強く吸引し容認しあう」一面を持っていたと述べている(116)。

7　在満日本人のゆきづまり

一九二〇年代において在満日本人の活動は停滞していた。日露戦争後に後藤新平は五〇万から一〇〇万人の日本人を満洲に送ることを主張したが、三〇年の総数は約二二万八〇〇〇人であった。その居住空間も拡大していなかった。関東州と満鉄付属地に住む日本人の割合は、二九年では九二％に達している。満洲権益にしがみつき、日本人同士で「うじうじ」している姿が想像できる。

満洲を訪れた日本人も在満日本人のふがいなさを指摘していた。例えば、一九二四年に満洲を訪れた俳人の高浜虚子《きよし》は、日本人は満鉄の利益に付随して生活しているに過ぎず、満鉄の経営が思わしくなくなれば、すぐにでも四散してしまうだろうと述べている。さらに日本人が中国人にかなわない原因は、生活レベルや賃金の差だけでなく、「生活の興味をその土地、その気候に見出す」ことが欠けている点にあるのではないかと指摘している[117]。三一年五月に長野県から満洲視察に派遣された教師たちは、車窓から見る満洲の平原は広大だが、日本人は「奈良県大の満鉄附属地と鳥取県より未《いま》だ小さい関東庁」に集中しており、「商工業関係の一時的滞留者が多く、如何《いか》に贔屓目《ひいきめ》に見ても実質的恒久性を欠いて」いると述べている[118]。

在満日本人の動向とは対照的に、満洲における中国人の人口、居住空間は拡大していた。日露戦争後では約一〇〇〇万人であった中国人はその後急増し、中国人移民は満洲の大地を耕し、満洲の未耕地は急速に減少していった。中国本土から満洲へ渡って来る中国人は、一九二七〜二九年にかけては年間一〇〇万人におよび、三〇年に中国人の総人口は約三〇〇〇万人に達した。日本人が二〇万人になるのに二〇年以上かかっているのに比べ、中国人の人数は急増していたのである[119]。

在満日本人が増えなかった理由の一つとして、農業移民が増えなかった点があげられる。満洲は日露戦争後から日本人農民の移住先として考えられていたが、在満日本人のなかで農業に従事する人はわずかであった。関東州と満鉄付属地で農業を営む日本人は一九二八年では二三六五名であり、在満日本人の本業者のなかでは一％に過ぎなかった[120]。その理由は、満洲で日本人が農業を営むには難しい状況が存在したからである。

満鉄付属地の面積は狭く、農地にたくさんの土地を割《さ》く余裕に乏しかった。まとまった農地を得ようとするならば、付属地の外に広がる中国人の土地を手に入れる必要があった。南満東蒙条約の締結により日本人は商租権を獲得し、付属地以外の土地を使用する権限を得た。しかしながら中国側は容易に商租を認めず、日本人が農地を得ることは難しかった。これに対して、関東州ではややまとまった農地の確保ができた。試みとして愛川村という日本人移民村が作られたが、日本とは違う気候、土壌に悩み、かんばしい成績は上げていなかった[121]。

たとえ土地を入手して農業を始めても、日本人が自作農として生計を立てるのは難しかった。なぜなら、中国人農民は日本人より生活レベルが低く、その農産物の値段も安かったので、日本人農家の農産物を満洲で買う人は少なかった。賃金の安い中国人を労働者として使い、大規模な農業を行うならば相当の利益を上げられるが、自作農的な農業経営では利益はほとんどないことは統計的にも確認されていた[122]。何よりも問題なのは、満洲にまで来て、中国人と同じように汗水流して働くことを敬遠する日本人が多かった点である[123]。したがって、商租権が広く認められ、日本人が使用できる農地が増えれば、農業を営む日本人は増えるという主張は幻想だったと言えよう。

商工業者も自力で生計を立てていたとは言い難く、満鉄や関東庁に依存する度合いが強かった。一九二八年刊行の『満洲事業紹介』という約五〇〇の代表的な日本企業・商店の事業紹介を見ると、満鉄や関東庁と取引する商店やこれらの機関の退職者がはじめた商店が目につく。佐藤栄蔵は日露戦争中に渡満し、大連で佐藤洋行を開業した。鉄道、電気用品の販売と鉄工所、木工所の運営を行い、主要な取引先は満鉄であった[124]。二〇年に富源公司を開業した藤井文陽は、もともと満鉄用度課に勤めていた。満鉄退社後、綿布や反物をあつかう富源公司の看板を掲げた。取引先は満鉄や関東庁などであり、とくに関東庁購買組合には小売部を開設していた[125]。

満鉄や関東庁との関係が深かったのは建設業者であった。人間の移動が激しく、生涯を満洲で過ごす日本人は少なかったので、個人発注の住宅建設などは満洲ではほとんどなかったと考えられる。満洲で規模の大きな建設工事を発注するのは満鉄と関東庁に限られており、建設業者はこれらに群がるしかなかったのであろう。付属地の建設工事を所管した満鉄地方事務所の所長に対する建設業者の接待は常態化していたという[126]。

『満洲事業紹介』に掲載されている企業・商店の営業内容からは、満鉄、関東庁と深く結びついた在満日本人経済界の特徴の一面を知ることができる。反面、在満日本人は中国人経済と結びついた活動はほとんどしていなかったことが推測できる。

日本人商人の問題点については既述したが、日本人商人は総じて中国人との取引を拡大しようとする意欲に乏しかった。大連、長春、奉天の商業会議所の書記長をつとめ日本人商人の実情に通じていた野添孝生は、日本人商人の問題点として、第一に満洲は「複雑な経済組織の地」であることを知らない点を、第二に周囲の状況への関心が低く、欧米品が侵入してきても、中国人商人の売り上げが伸びようとも、「熱心に対抗策を講じよう」としない点をあげている[127]。

日本人商人は中国人との取引拡大に不熱心であったばかりでなく、中国人の特性を理解する姿勢にも欠けていた。一九二七年一二月から二八年一月にかけて満洲を視察した中外商業新報社の記者は、中国人は代金の決済について気長にかまえており、小うるさいことは言わないが、日本人商人はやかましく催促し、「日本人だけの習慣で相手を律しようと」する傾向があると指摘している。また、中国人の特性は、すべてを諦める運命論者的でありながら運命の敗北には屈せず、立ち直ろうと不断の努力をする点であり、かかる大陸の風土をあらわすかのような息の長い考え方に、「江戸っ子の気短」さで立ち向かったところで何の効果も生まないとも述べている(128)。

もっとも、すべての日本人商人が中国人の特性に配慮していなかったわけではない。奉天で西尾洋行を経営した西尾一五郎は、中国人と取引するからには中国人の取引方法を真似する必要があると考えていた。それゆえ西尾は中国人に催促なしの貸し売りを行った。果たして回収できるか不安を感じたが、一、二軒を除いて回収できたので、日本人には不合理かつ危険に思えても、中国人が合理的と考えていることは、中国人を相手にするかぎり従う必要があると述べている(129)。こうした日本人商人もいたが、多くの日本人商人は、満鉄消費組合の撤廃や満鉄の事業縮小への抗議といった方法、つまり在満日本人社会の内部に向かう方向性で自らの窮状《きゅうじょう》を解決しようとしていた。

満洲の日本人商人が示した「内向き」の方向性を、現代の日本人が批判することは簡単である。批判ではなく、日本人商人が置かれた状況の理解を本書では強調したい。日本人商人が中国人との取引に躊躇《ちゅうちょ》したのは、ある意味当然であった。なぜなら、中国人を顧客にする努力をしなくても、日本人の顧客が多数いたからである。しかも、その多くは比較的よい給料をもらう人たちであった。

大多数の日本人商人は在満日本人だけを顧客にしていたので、日本人商人の活動を活発化しようとするならば、顧客である在満日本人を増やす必要があった。だが、関東州や満鉄付属地といった限定的な場所でしか活動できない日本人ができる仕事は少なく、雇用力を持つ企業は満鉄しかなかった。それゆえ、満鉄が事業拡大し、社員を増やすならば日本人商人も活力を増したであろうが、一九二〇年代の満鉄は既述したように人員整理に明け暮れていた。さらには満鉄消費組合を組織し、日本人商人など不要だとする方針をとっていた。これでは日本人商人が劣勢を挽回《ばんかい》することは不可能であった。

日本の満洲への投資額は一九二〇年代末には鉄道運輸業の八億二二〇〇万円を筆頭に、総計で約一四億四〇〇〇万円に達した。日露戦争後では荒地が多く、たいした産業もなかった満洲は、日本が満洲経営を始めた後急速にその姿を変えた。奥地から大量の農産物が貨車で運ばれ海外に輸出される一方で、輸入された外国製品が市場の店先にはあふれかえった。荒地に等しかった大連や満鉄付属地は、近代的な建物が立ち並ぶ都市に変容した。(130)こうした光景が現出しようとは、日露戦争以前では想像もできないことであった。一見すれば日本による満洲経営は着実な成果をあげていたにもかかわらず、在満日本人の人数や経済力が増えないのは、日本による満洲経営は失敗したからだという「満洲経営失敗論」が主張されるに至った。

「満洲経営失敗論」を主張した報告書として、満鉄が刊行した二冊の報告書をとりあげたい。一九二八年に満鉄が刊行した調査報告書は、満洲に存在した日本企業の動向を精査《せいさ》し、結論として、日本人が設立した企業のなかで利益を出しているのは満鉄だけであり、「満鉄を除いては、大勢に於《お》いて失敗に帰した」と述べている(131)。同じ二八年に、満鉄は『我国人口問題と満蒙』という報告書もまとめている。この報告書は、まず在満日本人は関東州と満鉄付属地という日本の権益下に住んでおり、満洲にその勢力を拡大したとはみなし得ない点を指摘する。ついで、高賃金の仕事が少ない満洲は日本人移民をひきつける魅力に乏しいので、満鉄社員、関東庁官吏《かんり》、国内企業の支店長といった、「外地手当て」がつく職業に従事する人が多数を占める結果になったとし、それゆえ満鉄や関東庁などの満洲権益が中国に返還されたならば、残る日本人は日露戦争前のような少数の貿易商と売春婦だけになるかもしれないという悲観的な評価をしている(132)。

満洲権益以外の部分でも日本人の勢力が拡大することを満洲経営の成功だと考えるのであれば、日本による満洲経営は失敗に終わったと言えよう。在満日本人は満洲権益との関わりなしには存在できなかった点こそ、在満日本人が満洲権益の維持、擁護に固執した理由であったと指摘できよう。

「満洲経営失敗論」が唱えられ、満洲経営の方針を根本的に改める必要性が生じていたにもかかわらず、関東庁、満鉄、領事館（外務省）は自分たちの権限拡大を第一に考え、争いを続けていた。関東庁は満鉄に対して満鉄付属地の行政権の移管を求め、関東州と満鉄付属地の行政権の統一を主張していた。関東庁の言い分は、満鉄のような鉄道会社が素人的に行政を行うのは問題であり、行政は専門家である関東庁の官吏が行う職分だという内容であった[133]。これに対して満鉄は猛然と反論した。もし、関東庁が付属地行政を行うならば、担当官吏は「内地ノ内務省系ノ吏僚《リリョウ》ト常ニ更迭《コウテツ》変遷」することになり、満洲での勤務を官吏生活の一部分と考えるような日本人が付属地行政を行うなどは、とんでもないと反論した[134]。関東庁と満鉄が付属地行政権をめぐり対立するなか、奉天総領事館は関東庁が持つ付属地の警察権や満鉄が持つ付属地行政権は、みな奉天総領事館に移管する必要があるという独自の改革プランを作成していた[135]。

満洲権益以外の部分で日本人の勢力が拡大するのは困難なことが判明した一九二〇年代後半以降、張学良政権は「満鉄包囲網」に代表される、日本の満洲権益を圧迫する政策を推進した。日本国内では三〇年一二月ごろから、満鉄の収入減や満洲の危機を叫ぶ記事が各新聞の紙面をにぎわすようになり、三一年一月には衆議院本会議で松岡洋右《ようすけ》が「満蒙はわが国の生命線」だと演説した[136]。世論は張学良政権の反日政策にいきり立ったが、政友会や憲政会に属した政治家や官僚たちは、過剰人口のはけ口として満洲は意味がないと考えていたので、積極的な対満洲政策は不必要だと判断した[137]。また外務省も日中関税協定の改正（一九三〇年）にあたって、今後の中国への経済進出は大資本の誘致を優先し、日本側官憲への依存心の強い中小の日本人商人は切り捨てる方針を決定していた[138]。

こうしたなか、関東軍は満洲を国防問題、人口問題、食料問題解決のための重要な勢力圏とみなし、武力行使により満蒙問題の解決をはかるとともに国内政治の刷新《さっしん》をもはかろうと考えた。政治家や官僚に見捨てられた在満日本人商工業者は、関東軍が武力行動を始めると、その進撃に歓呼《かんこ》の声をおくったのであった。

六　在満日本人社会の諸相

1　在満日本人社会の特徴

在満日本人は出入りの激しい、流動性の高い集団であったと考えられる。一九二〇年の調査では六二・五％の人が満洲で暮らした期間は五年未満であった（表15）。三〇年になると五年未満の比率は下がり四五・七％になるが、それでも全体の六五％が一〇年未満の在満年数である（表16）。これらの統計は、満洲で一〇年以上暮らした日本人は少なく、渡満から数年で満洲を去る日本人が多かったことを示している。

渡満した日本人の多くは満洲に骨を埋める覚悟がなく、やがては日本に戻ることを念頭に置いていた。満洲育ちのある女性は、「大きな決心をもって渡満した方《かた》が、奥様を内地から迎え、いくらかの金が溜《た》まると内地恋しさに引き上げてしまう」ことが多いとし、日本人にとって満洲が一時的な滞在地に過ぎないことを嘆いていた(1)。渡満の目的は永住ではなく、金をかせぐことにあったので、目的を

表15　在住期間別の在満日本人人口
—1920年—（単位：人）

在住期間	人　数
5年未満（1916～20年）	88,097（62.5%）
5年以上（1911～16年）	24,489（17.4　）
10年以上（1906～10年）	22,513（16.0　）
15年以上（1906年以前）	5,830（ 4.1　）
合　計	140,929

出典　関東庁『関東庁国勢調査記述篇　昭和5年』1934年，148頁より作成．
注　朝鮮人5,306人を含む．

表16　在住期間別の在満日本人人口
—1930年—（単位：人）

在住期間	人　数
5年未満（1926～30年）	80,254（45.7%）
5年以上（1921～25年）	33,875（19.3　）
10年以上（1916～20年）	32,699（18.6　）
15年以上（1911～15年）	13,233（ 4.1　）
20年以上（1906～10年）	12,474（ 7.1　）
25年以上（1906年以前）	3,255（ 1.9　）
合　計	175,790

出典　前掲『関東庁国勢調査記述篇』147頁より作成．
注　朝鮮人15,135人を含む．

達成すれば帰国するのは当然の選択であった。帰国を念頭に置く人間が、満洲をより深く理解しようとか、自分が暮らす大連や付属地といった街をよくしようとか考えることはなかったであろう。日本の満洲経営の中軸であった満鉄社員も、自分たちの住む付属地に特別な思いを抱く人は少なかったと思われる。というのは、満鉄社員の多くは頻繁《ひんぱん》に転勤していたからである。例えば一九〇八年に入社した横山常二は、遼陽を皮切りに、大石橋、立山、分水、金州、蓋平、橋頭を転々としていた。〇九年に入社した山田増次郎は大石橋、新城子、奉天、長春、昌図、四平街と勤務地を変えていた(2)。なぜ各地を転々とする満鉄社員がいたのか、その理由については不明だが、頻繁な転勤は住む場所に対する愛着を育てたとは考えにくい。

在満日本人社会の特徴として、流動性が高いというほかに、日本各地の人が集まる寄り合い集団であったこともあげたい。一九二〇年に満洲を旅行した日本人は、女中や芸者の言葉が東京弁、関西弁、名古屋弁など、さまざまな方言が話されているのに驚いていた(3)。異なる郷土を持つ人々の集団のため、伝統や因習は少なく、古くからの人間関係にとらわれず、自由な振る舞いが可能であった。反面、相互の人間関係は希薄であった。そのため隣り近所に無関心な在満日本人が多かった。やがては日本に帰るのだから、面倒な近所つきあいは御免だと考えていたのだろう。大連では隣り同士に住みながら、朝夕の挨拶《あいさつ》さえ交わしたことのない人が多かったという(4)。

在満日本人同士の人間関係の結びつきが弱かった点は、日本人商人の結集力にも影響をおよぼしていた。日本人商人は各種の団体をつくり、日本政府へ請願を出したり、中国側官憲への抗議をおこない、一見すれば強い団結力を示していた。だが、日本人商人は「表面上頗《スコブ》ル親密」であるが、「裏面互ニ敵視シ」ており、同業組合を設立して立派な規約も設けていたが「有名無実」だとも指摘されていた(5)。例えば、奉天では特産商組合が存在し、中国人商人と取引方法の改善を交渉していたが、その間でも日本人特産商は平気で「股潜りや、抜駈《ぬけがけ》的商略」を行うので、取引方法の改善を交渉しても無意味だと主張されていた(6)。さらに「独りよがり」で、協調性に乏しい日本人商人が多かった。関東庁の日本人高官は、日本の軍隊と中国の軍隊を比べると、「訓練、技術、協同動作」などは比較するまでもなく日本軍のほうが優れているが、日本人商人と中国人商人を比べるとちょうど軍隊の反対だと形容していた(7)。

長く満洲で暮らす日本人は多くなかったにもかかわらず、在満日本人の人口は一貫して増加していた。これは満洲に来れば何かの仕事にありつけると考え、やって来る日本人が絶えなかったことを物語っていよう。なかでも始末におえないのは、満洲への憧れや、青雲の志を胸中に渡満してくる連中であった。こうした日本人は県人会の名簿を片手に就職に走り回ったり、知り合いの間を渡り歩いてその日暮らしをする人もいた。

仕事を求める人は多かったが、企業・商店側は人員の採用に苦労していた。例えば、大連のある商店が店員募集を出したところ四〇名近くの応募者があったが、採用者を出すことはできなかった。その理由は、応募者のほとんどは職業を転々とする腰の落ち着かない人や店員には不適当な人だったからである。総じて日本人店員は知人の少ない満洲ゆえに身辺のしがらみは軽く、少々の不満を我慢する雰囲気に欠けていた。このため嫌になればすぐにでも辞める人が多く、店員の交替は激しかった。つまり、良質な店員は慢性的に不足している一方で、少なからずの無職者がいるという状況が並存したのである(8)。

良質な労働力の不足と無職者の滞留という矛盾した現象がなぜ存在したのか、決定的な見解は出せないが、一九一六年一一月の『満洲日日新聞』に掲載された記事がヒントを与えてくれる。この記事は、満鉄が埠頭監視員《ふとう》を二〇名募集したところ一四〇名の募集があり、埠頭に積まれた大豆や豆粕を監視して日給七、八〇銭という仕事にもかかわらず、早稲田、明治の卒業生が応募してきたのは驚きだと述べている。(9) その一方で、「いわゆる高等遊民なる部類のものが市内各所の安下宿に」いて仕事を探しているが、「食べた外五円位の給料ではABCをかじった半可通《はんかつう》は決して腰が落ち着か」ないとしている。つまり在満日本人には、どんな仕事でもするという人と、わざわざ満洲に来たのだからくだらない仕事はできないという二種類の日本人がいたと考えられる。せっかく満洲まで来て日本国内と同じ仕事をする人は多くなかったのであろう。良い仕事を求めて移動する考えが在満日本人には強く、そのため流動性に一層の拍車をかけていたと考えられる。

在満日本人の圧倒的多数は都市の住民であった点も特徴の一つとしてあげたい。大連や満鉄付属地の周囲に広がる農村は中国人が居住する場所であり、日本人は暮らしていなかった。一九二八年に満洲各地を旅行した歌人の与謝野寛《よさのひろし》(鉄幹《てつかん》)・晶子《あきこ》夫妻は、大連を見物した際に「邦人の窮民と下級労働者とを大連に見ないのは表面から見て結構」であるが、そのために中国人に流れる金額も多いと述べている。(10) 肉体労働は中国人に依存できたため、日本人が汗を流して働く光景を満洲で見ることはほとんどなかった。

以上の他に、できるだけ日本国内と同じ生活をしようとしていた点をあげたい。在満日本人は国内と同じ衣服で、同じ物を畳の上で食べる生活にこだわっていたが、気候が大きく異なるので日本と同じようにはできないことも多かった。例えば、和服は寒い満洲には不適切なので洋服を着たが、自宅では和服ですごす人も少なくなかった。このような、外では西洋的なスタイルをし、内では日本風にこだわる在満日本人の生活様式は「二重生活」と称され、批判の対象となっていた。[11]

在満日本人が日本国内と同じ生活にこだわったことが、日本人小売商の存在を可能にした原因の一つであった。もし在満日本人が中国人と同じ物を食べ、同じ服を着ていたならば日本人の商店は必要なく中国人の商店が繁盛したと考えられる。日本国内と同じ物を求める日本人が多数いたからこそ、日本人小売商の活動場があったのである。さらに言うならば、日本人小売商は日本人がいる場所にしか存在できないので、中国人間に商圏を拡大する力はなく、そもそもそうしたことを考えてもいなかった。

在満日本人の半分近くを占めた満鉄の社員は、どのような生活をしていたのだろうか。大連に住む満鉄の職員、傭員から選んだ二〇一世帯の家計調査報告書（一九二四年一〇月から二五年三月までの家計を調査）が刊行されている。[12]この調査は社宅に住む月収一〇〇〜二〇〇円の世帯を抽出して行っており、満鉄社員のなかでも低収入層の家計動向を示している。

収入面の特徴として給料が八割近くを占め、家族の副業収入が少ない点をあげている。その理由として、給料だけで相応の暮らしができたこと、家族に適当な職業（例えば内職）が大連にはほとんどないことを指摘している。支出では食費、住居費、被服費、公課費の合計が約四〇％を占め、この比率は名古屋市の約五六％と比べると低い。残りの六〇％は教育費、交際費、貯蓄などが占めた。衣食住に関する支出の割合が低いのは、家賃の不要も大きかったが、中国人が生産する食料品は安かった点にも起因した。本社勤務で一一〇円の月給をもらう下級社員の奥さんは、日本国内の知人の家庭に比べて「満洲の生活の余裕のある所を感じる」と述べていた。(13) しかしながら日給制であった傭員の生活は苦しかった。日給一円四〇銭の傭員の家庭を切り盛りする奥さんは、子供におもちゃの一つも買ってやることができなかったと述懐《じゅっかい》している。(14) 満鉄の社員といっても、いろいろな人がいたのである。

わずらわしい近所付き合いなどはせず、ひたすら帰国の日を待ち望む人、国内よりも高賃金の仕事を求めて転職を繰り返す人、少々高くても恋しい日本の物を買おうとして日本人商人に足元を見られる人、こうした日本人により在満日本人社会は構成されていた。

2　アヘンと関東州

日本の租借地《そしゃくち》であった関東州の大連や旅順では、日本国内の都市と変わらない近代的なインフラの整備が行われた。しかしながら、そうした関東州の発展を財政的に支えたのが、アヘン収入であったことはあまり知られていない。

日露戦争後間もない一九〇六年に関東州民政署は「阿片販売業及煙業営業規則」を制定し、アヘン販売を規制するとともにアヘン販売業者には営業税を課すことにした。ついで関東州民政署はアヘン製造販売の特許権を潘忠国と石本鏆太郎に与え、小売商にはこの二者以外からのアヘン購入を禁じる特許人制度を設けた。後に大連市長に就任する石本鏆太郎は、アヘンの特許権を得たことにより巨万の富を手にした。石本鏆太郎がアヘン販売によりどれだけの利益を得たかは不明だが、石本が大連市長にまで出世できた背景にアヘン収入があったことは、大連市民の間では公然の秘密であった。関東都督府は一五年に制度を改め、潘忠国と石本鏆太郎の特許権は取り消し、その代わりに宏済善堂という表向きは慈善《じぜん》団体に一括してアヘンをあつかわせることにした[15]。

当初の特許人制度では売上げの一〇%が、一九一五年以降の制度では販売収入から宏済善堂の運営費を控除した残りが、関東州地方費として関東州の金庫に納められた。この関東州地方費は州内の教育費、衛生費、土木費など、関東州で生活する人々の社会生活の改善に支出された。また、その一部は中央財政にも流用され、関東州の中央財政と地方財政の安定化をはかるバランサー的役割を果たしていた[16]。関東州地方費のなかでもアヘン収入は高い割合を示していた。例えば、一八年の地方費収入は四三七万円であり、そのうち一五〇万円がアヘン収入である。要するに、大連の街並みはアヘン収入により作られた部分もあったのである。

日本の刑法はアヘンの輸入、製造、販売、所持、吸引《きゅういん》を禁止しており、関東州でも一九〇八年九月に「関東州裁判事務取扱令」が出され、日本の刑法が適用された。したがって、アヘンを販売したり、吸引することは刑罰の対象となった。しかしながら、関東都督府は中国人のアヘン吸引者に今すぐ禁煙を強いることは難しいと主張し、アヘンの輸入販売を続ける方針をとった。関東州には日本の刑法が通用されたとはいえ、アヘンに関しては例外的にあつかわれたのである。

アヘンの原料となるケシは関東州ではほとんど栽培されていなく、ペルシャアヘンやトルコアヘンが輸入されていた。アヘンの輸入は三井物産などが関東庁から許可を得てしていた。外務省外交史料館所蔵の「阿片其他劇薬及吸引器具取締雑件　輸入証明―関東庁ノ部」というファイルには、一九二三年から二四年にかけて関東庁が三井物産などの輸人会社に発給したアヘン輸入証明書が何通か収録されている。(17) このアヘン輸入証明書には、関東州にいるアヘン中毒者の救済が目的であり、「合法ノ目的ノ為《タメ》ニ必要トスル生阿片」を輸入するとある。関東庁は日本の刑法では罰せられたアヘンの輸入を、中毒者の救済を名目に合法化していたのである。

多額の利益をあげるアヘン販売をめぐり、黒いうわさは絶えなかった。一九二一年には不当なアヘン売買が行われているとの嫌疑から、大連民政署長の中野有光（一九一九年一月就任）が検挙されるという事件がおきた。(18) 事の起こりは、二一年二月の衆議院予算委員会で、憲政会所属の議員らが関東州のアヘン売買には不正が存在するとして、関東庁事務総長杉山四五郎を追及したことに発した。憲政会の野村嘉六議員は、まず関東州でアヘンの吸引が公認されていることについて、関東庁はどのように考えているのかと切り出した。この質問に杉山関東庁事務総長は、日露戦争後に石本鏆太郎という人物にアヘンの専売を許し、その結果石本は「巨万ノ富」を手にした。かかる状況は問題なので、一五年に慈善団体である宏済善堂に「売下ゲルコトモ、買入レルコト」も行わせることに改めたと答弁した[19]。さらに答弁を続けるなかで、杉山関東庁事務総長は関東州地方費の主な財源はアヘン収入であることも認めた。野村議員はアヘン収入が正当な支出に使われず、他に流用されているとのうわさは本当かどうか尋ねたが、杉山関東庁事務総長はアヘン収入のすべては地方費に組み入れられており、他への流用は行われていないと答えた[20]。

このとき、なぜ国会の場に関東州のアヘン問題が持ち出されたのか、その理由には伏線があった。大連民政署長の中野有光は、警務課長の湯浅警視がいつも自分の意見に反対することに根を持っていた。そこで岩崎信平という司法主任警部が起こした収賄《しゅうわい》事件に乗じて、湯浅警視を営口警務署に転勤させるという、私情にもとづいた人事異動を行った。この異動に不満な湯浅警視は中野大連民政署長のやり口に我慢が収まらず、野党の憲政会にアヘン売買にまつわる不正をぶちまけたことから、この騒動は持ち上がった[21]。

衆議院予算委員会での答弁を受けて、中野有光は宏済善堂に圧力をかけ、懇意の業者に安価でアヘンを売ったことが追及された。中野は潔白であり辞職もしないと強気の姿勢をみせたが、収監されてしまった。[22]その後の公判のなかで中野は、関東庁の財政は逼迫《ひっぱく》しているので、アヘンをうまく売りさばき収入を増やすのが民政署長としての重要な職務だったと主張した。[23]公判での争点は、中野は私利私欲のためにアヘン売買を行ったのか、それとも関東庁の財政を支えるためだったのか、という点にあった。二二年八月に第一審が出され、中野は規定を無視して懇意の業者にアヘンを安価で売ったとして懲役一年四ヵ月が言い渡された。[24]第一審に不服な中野は上告し、二三年八月に第二審が出され、事件は結審した。第二審の内容も第一審と同様に有罪であり、懲役一年六ヵ月（執行猶予三ヵ年）というものであった。[25]

この事件をきっかけに、日本政府は関東州にも台湾や朝鮮と同様に阿片令の必要性を感じ、一九二四年に関東州阿片令を公布した。その後、二五年に日本政府は「アヘン条約」に調印し、その第一条には「阿片ノ輸入、販売及分配ハ政府ノ独占事業」にするとあったため、関東州でも二八年からアヘンの輸入販売は関東庁の専売事業となった。[26]

関東州財政の財源は乏しかったので、日本政府からの補助金に頼る割合が高かった。一九一〇年代では歳入合計の二〇～四〇％が、二〇年代にはやや低下して一〇～二〇％が日本政府からの補助金であった。[27]かかる財政上の脆弱さが、アヘン収入に関心の集まった一因でもあった。関東州統治についての当局の公式見解ともいうべき『関東局施政三十年史』は、専売の項目において「当局の専売事業は阿片専売の一種であるが、財政上の理由に基づくものでなく、警察取締上の目的」であると述べている。しかしながら最後において、「(アヘン専売の)収入は財政上の理由に基づく専売ではないが、当局特別会計歳入の中枢を為《な》し、昭和九年度に於《お》ける収入額は六三七万余円に達している」と結んでいる。(28)「財政上の理由」ではないと断りながらも、「特別会計歳入の中枢」であることを認めざるを得ない点に、アヘン専売制と財政問題の密接な関係を読みとれよう。

関東州の財政がアヘンの専売制により支えられていたという事実は、どのように評価できるであろうか。アヘン専売収入は関東州に住む人々(中国人を含む)の税負担を軽くした、または他に有力な財源がないのだから致し方ない、などの評価もあるだろう。だが、想起して欲しい事実は、当時の日本の刑法はアヘンの売買、吸引を禁止していたことである。現代の視点から、アヘンや麻薬は悪だと糾弾することはしたくない。しかしながら、当時の考えでもアヘンの売買は犯罪であり、それを承知で是認《ぜにん》し、財政収入に組み込んでいた日本の関東州統治は批判されるべき内容であったと言わざるを得ない。

3　在満日本人のなかの子供や女性

満洲で暮らした子供や女性は、日々の生活についてどう思っていたのであろう。在満日本人の子供たちは中国人に対して良い感情は持っていなかった。『満洲日日新聞』に掲載された大連の日本人児童に行ったアンケートによると、中国人の劣った点として、①不潔、不衛生、②盗癖がある、③礼儀正しくない〔座席を譲らない、他人の家をのぞく〕、④正直でない、⑤欲が深い〔自分の利益しか考えない、恥じ知らず〕をあげている。また中国人の変わった習慣としては、①弁髪《べんぱつ》、纏足《てんそく》、②衣服、みだしなみ、③爆竹、④葬式〔泣き女、土葬〕、⑤食事〔ニンニク、粗食、残飯を床に捨てる〕をあげている。(29)

日本人小学生が書いた作文からは、より直截《ちょくせつ》に中国人への嫌悪感を知ることができる。ある女子小学生は奉天駅前の光景を、「百人ばかりの支那人の男や女や子供が、あつちに七、八人、こつちに五、六人集まつてぐちやぐちやして」おり、「皆きたない大地の上にべつたり座り、そばにはきたならしい荷物の類《たぐい》が、山の様に積んで」あると書いている。この文章からは、中国人労働者はとにかく不潔で見るに耐えないという気持ちが伝わってくる。また男子小学生が薪割りに来る中国人労働者について書いた作文では、中国人の薪割りを、きたなく、欲が深いとし、「そこらの枯木を見付けては、それを呉《く》れという。嫌《いや》だと云《い》へば、変な顔して仕事をのろのろ」やり、時には飯が欲しいと炊事場までやってくるので、「僕はこのまき割りを見ると、一番しやくにさわる」と書いている。(30) 中国人労働者は身なりが汚く、ずるがしこくてどうしようもないという意識が読みとれる。

満洲育ちの日本人小学生が日本国内を旅行した時の印象は興味深い。日本を旅行した感想として、「日本には日本人の苦力《クーリー》が多いですね」と書いている。満洲に暮らしていると、荷物を担いだり、人力車をひくのは「苦力」の仕事だと理解してしまうのだろう。日本の風景の美しさに感嘆する小学生もいたが、住居や道路は満洲のほうが広くて良いという人もいた。興味深いのは女性に対する印象である。満洲に比べて内地の女性はよく働くという感想があり、「（満洲の）女子は仏様《ほとけさま》のように座って働かないが、日本では事務員や女工として働いている」と述べている[31]。女性は働かなくても生活できる家庭が多かったという在満日本人の特徴が、小学生たちにこうした女性像を形成させていたのであろう。

次に中国人の子供たちは在満日本人をどのように思っていたのであろうか。『満洲日日新聞』に掲載されたアンケートによると、日本人の優れた点として、①清潔である、②向学心が強い（貧民、女性も学校へ行く）、③公徳心が高い（時間、規則を守る、公園を大切にする）、④衛生を重んじる、⑤愛国心が強い、をあげている。日本人の劣った点としては、①傲慢《ごうまん》である（中国人を罵《ののし》る、習慣を尊重しない）、②短気である、③女性の服装が良くない（脚部の露出）、④奢侈《しゃし》である、⑤酒に酔うと乱暴である、をあげている[32]。

日本へ修学旅行に行った際の中国人学生の感想も興味深い。旅順師範学堂の中国人学生が日本を旅行したとき、満洲で中国人は日本人から邪険にあつかわれているが、旅行中に接した日本人は親切な人が多く、中国人だからという偏見を感じなかったと述べている。また、女性が田畑や工場で働き、車掌や店員として人前に出ていることに目をみはっていた。中国では相応の家庭の女性は家の奥深くにおり、外で働くなどは思いもよらないからである。この他に、人力車夫が休みのときに新聞を読んでいることにも驚いていた。満洲で車夫をする中国人労働者はすべて文字を知らない「苦力」であり、車夫は文字が読める人の仕事ではなかったからである(33)。

南満中学堂に通う中国人学生が、日本国内を旅行したときの感想も似たような内容である。汽車の発車時刻が正確なことや八幡製鉄所の近代的設備に驚き、とくに人力車夫や女中が新聞を読んでいることにはとりわけ驚いていた。そして、満洲の日本人は中国人に対して「鬼の如《ごと》き」だが、国内の日本人はみな親切なので、国内の日本人と在満日本人は同じ日本人とはいえ別人のように感じたと述べている(34)。在満日本人には嫌悪感を抱いていた中国人の学生が、日本国内の日本人の姿を知ったことにより、日本人に対する考え方が変わった点は見逃せない。満洲で活動し、植民地的気分を味わうと、中国人を見下すような人間になってしまう性向を日本人は持っていたのだろうか。

在満日本人のなかの女性たちはどのような暮らしをしていたのであろうか。概して、華美な生活をおくる婦人が目立った。少しの外出にも人力車を呼んだり、値の張る食べ物を食べたり、高い着物を買ったりするので、大連郵便局に勤めた日本人は、満洲の婦人は買う着物を一つ減らして貯金にまわしたらどうかと嘆いていた(35)。九州の片田舎から満鉄社員として大連に到着したある青年は、「孔雀《くじやく》の様に着飾った奥さんが、二頭立の馬車に乗ってアスファルトの街路をすべる様に行くかと思ふと、山鳥の様によそほひをこらした奥さんが洋車に乗つて来る」光景に驚いていた(36)。

一九三〇年一一月の『満洲日報』には、日本国内を旅行した関東州に住む中国人婦人の感想が掲載されている。この中国人婦人は日本を見て、教育の普及や自然の美しさにも感心したが、何よりも国内と満洲の日本人婦人の違いに驚いていた。「内地の婦人はどこに行っても一生懸命よく働い」ており、満洲の日本人婦人のように「女中やボーイを使つて、食事の食器も洗わずに朝から遊んで疲れれば昼寝をする」人はいないと述べている。(37) 日本人婦人といえば、働かずに派手な生活をしていると思っていたこの中国人婦人は、日本国内を旅行して満洲に住む日本人婦人は特別な存在だと感じたのである。

では、なぜ満洲の日本人婦人は華美な暮らしをしていたのであろうか。確定的な指摘はできないが、以下のような要因を指摘したい。第一に、満鉄社員や関東庁の官吏は給料に外地手当てがつくので、国内の同レベルの役職の人より高い給料をもらっていた。こうした経済的な余裕が、派手な生活に結びついたと思われる。第二に、日本人の代表という思いや満鉄社員の妻だという見栄から、分相応以上の暮らしをしなければならないと考えていた。一九二二年に奉天を訪れた日本人は、在住の日本人婦人から「何しろ奉天は海外でせう、余りケチな風もできません」という言葉や、たとえ「家計は火の車でも大和撫子《やまとなでしこ》の代表者」なので、「何事においても身装は相当に作」っているという様子を聞いている。(38) 第三に、満洲での暮らしは日本国内のように地縁、血縁のつきあいに囲まれていなかったので人間関係が稀薄であり、家で過ごす婦人たちの周囲はさびしいものであった。このため、おしゃれや贅沢が生活の単調さをまぎらわすものだったのではないだろうか。

家庭の主婦にとって大きな関心は、日々の買い物にどれだけの金額が必要かであった。満洲では地元産の野菜、肉類、魚介類は安かった。というのは、これらの生産者は中国人なので、その生産原価は安かったからである。これに対して、日本からの輸入に依存する味噌、清酒、呉服などは高かった。在満日本人に関する資料を読んでいると、満洲の物価は安いという人がいる一方で高いという人もおり、相反する見解があったことに気づく。見解の相違は、どのような商品を見ているかにより生まれたのであろう。地場産の肉や野菜を見れば安いと思うし、日本からの輸入品は見れば高いと感じたと思われる。贅沢せず、食べていくだけなら日本人にとって満洲は暮らしやすい場所であった。

『満洲日日新聞』には在満日本人婦人に対して行ったアンケートが掲載されている(39)。開原で二〇年暮らした佐竹ひで子は、「満洲は内地と異なり天然の風景により慰安《いあん》」されることはないので、家庭で主人が心休まるように配慮していると答えている。筆者も留学中に体験したが、満洲に四季の変化はあるといえばあるが、その変化は日本のように穏やかではない。秋になったのかと思うとすぐに雪が舞い、あたり一面が白い世界に変わってしまう。日本に比べるならば吹く風も、降る雪も強烈に感じる。こうした場所で、自然に「うるおい」や「なぐさみ」を求めるのは難しい。旅順で一八年暮らした大津すづよは、子供たちには「もったいない」という考えをもう少し持ってほしいと述べている。安東で五年五ヵ月暮らした内藤まさよは、「二重生活」をやめ衣食住ともに簡素にして満洲産の物を使ったほうが良いと述べている。奉天で八年暮らした久野文子は、質素倹約を主として、もっと働くことの尊さを知って欲しいと答えている。これらの回答からは、物質面では困ることのない生活水準の高さと、それがゆえに贅沢に慣れた子供、奢侈に流れ地道な労働を厭《いと》う人を生み出していたことがうかがえる。

満洲で目にした日本人婦人のもう一つの代表は売春婦である。日本人売春婦は日露戦争以前から満洲に入り込んでいたことは既述したが、日露戦争後もその活動は止まなかった。大連や満鉄付属地で、家族を持たずに一人で生計を営む女性のほとんどは売春婦であったと考えられる。(40)というのは、遠く海を渡り一人で満洲に来る必要性は、普通の日本人女性には生じないことである。

大人になってから渡満したのではなく、満洲で生れ育った女性はどのような人物に成長していたのだろうか。在満日本人は経済的に余裕のある家庭が多かったので、お金の使い方がこせこせしてなく、開放的な女性が多かった。良妻賢母的な女性像が求められたこの時代に、明《あ》け透《す》けなふる舞いをする満洲育ちの女性は、国内の日本人からはやや奇異な目で見られていた。それゆえ、満洲育ちの女性と結婚を望む男性は少なかった。男性側の言い分は、満洲育ちの女性は女らしさに欠け、贅沢に育っているので結婚相手には不適当だというものであった。反対に満洲育ちの女性は満洲で働く男性ではなく、日本で働く男性との結婚を望む人が多かった。その理由は、満洲で働く男性は満洲にいる間は高給をもらい立派な生活をしているが、帰国すれば収入は減ってしまう。そのため、国内で豊かな暮らしをする男性との良縁を望む声が強かった。(41)

因習に縛られることなく、のびのびと育った満洲の女性のなかには、周囲の反対をものともせず自己の信念に従い人生を歩む女性もいた。『協和』には、次のような満洲育ちの女性による論説が載っている。(42)

私は両親が満洲に来た翌年に生まれた純粋の満洲娘です。……生活に不自由のない商家に生まれた私は、かなりわがままをしながら大連の女学校を卒業しました。そして必要があったわけではありませんが、一種の流行に押されてタイプライターを習い、満鉄に勤務致しました。わがままなムスメは社会に立っても、やはりわがままな女でした。今思い出すと恥かしい程のオシャレもし、金もかなり乱暴に使い、お定まりの満洲女の名を辱《はずか》しめなかったのです。

二〇歳になると父親は内地の男性との縁談をもちかけるが、この女性はすべて拒否し、意中の満鉄に勤務する薄給社員との結婚を決意した。周囲は当然のことながら反対し、「ぜいたくに育った満洲女」がそんな相手と暮らしていけるのかという罵声を女性に浴びせた。しかしこの女性は信念を貫き、幸せな結婚生活を営んでいると述べている。この論説からは、自主、独立の気概に富み、古い慣習にとらわれない人間の声を感じる。満洲が育てた、新しいタイプの日本人女性ともいえよう。

夫の高い給料に依存して満洲でのうるおいの少ない毎日をせめて贅沢でまぎらわそうとする婦人、活動場所を求めて満洲にまで来た売春婦、自由な雰囲気のなかでのびのびと成長する少女、満洲にはこうした日本人女性が暮らしていたと思われる。

4　中国人労働者と在満日本人

大連に降り立った日本人がまず目にするのは、埠頭《ふとう》で汗まみれに働く中国人労働者や汚い身なりで寄って来る中国人車夫であった。荷役人夫や車夫を仕事にする下層中国人労働者は「苦力（クーリー）」と呼ばれ、低賃金で重労働をこなしていた。

一九〇九年に満洲を旅行した夏目漱石《なつめそうせき》は、大連港に着いたとき、「河岸の上には人が沢山並んでいる。けれどもその大部分は支那のクーリーで、一人見ても汚らしいが、二人寄るとなお見苦しい。こう沢山かたまると更に不体裁である」と感じ、日本では見たことのない情景に驚いていた。(43)「一人見ても汚らしいが、二人寄るとなお見苦しい」という文章からは、「苦力」の身なりがいかにひどかったのか、その光景が目に浮かぶ。二三年に満洲を訪れた田山花袋《たやまかたい》も、その印象をまとめた『満鮮の行楽』なかで、「満洲では大連に限らず、奉天でも、長春でも、汽車を下りて構内に出ると、煩《うる》さいほど支那苦力の車夫」が寄ってくると記している。(44)

不潔な格好でうろつく「苦力」とは、できるだけかかわりたくないと、ほとんどの在満日本人は思っていただろう。粗暴なふるまいをしたり、日本人女性をひやかす「苦力」もいた。また、群がって雑談しているさまを異様に感じる日本人は多く、「苦力のご機嫌をとらなければ日支親善の実を挙げ得ない」という主張は、「血のめぐりの悪い病人のたわごと」だという意見も出されていた[45]。公園にたむろする「苦力」も多く、うるおいを求めて公園に来る日本人にとって、「苦力」が公園をうろつくのは不快極まりなかった。このため「苦力」の公園出入を禁止にしろ、という意見もあった[46]。

一九二〇年代には「苦力」のなかにも小金持ちが生れ、大連では市内電車に乗る「苦力」の姿が見られた。町ですれちがう程度であれば特別な感情はわかないだろうが、狭い電車のなかで「苦力」と一緒になるのは避けたい、という声は強かった。反対意見の主旨は、単純に中国人と一緒に乗るのはいやだというものではなかった。「苦力」は普通の中国人と違い、汚く悪臭を放ち、公衆道徳などおかまいなしであった。それゆえ「日支親善もよいが、市民道徳を蹂躙《じゅうりん》され、市民の礼儀を破壊されてまでも、日支親善の名のもとにこうした現状を忍ばなければならないのか」という疑問が出されていた[47]。

「苦力」の乗車問題は民族問題でもあったが、貧富の差のある人同士がどのように共存するのかという社会問題でもあった。「苦力」は車夫や人夫として在満日本人の生活を支えるのに不可欠なため、彼らを追い出すことはできなかった。とはいえ、「苦力」の行動には眉をしかめざるを得ない点もあり、在満日本人の悩みの種であった。最終的にこの問題は、苦力専用車を走らせて解決した[48]。

「苦力」の他に在満日本人が日常的に見た中国人は、日本人家庭にボーイとして雇われた中国人であった。できれば日本人を雇いたいと思っていたが、中国人は安く雇うことができるので雇いやすかった。また、ボーイのようなつまらない仕事をする人は、在満日本人のなかには少なかったことも、中国人ボーイが雇われた理由としてあげられる。

満鉄社員に対して行った、中国人ボーイについてのアンケート調査が刊行されている。(49) アンケートはいくつかの質問事項で行われたが、まず中国人ボーイの性質は「善い」のか「悪い」のかについて質問している。その結果は、「善い」は三七名、「悪い」は五七名であり、「悪い」が「善い」を上回った。「善い」と答えた人の内容は、よく働く（一九名）、使いやすい（七名）、日本人とかわりない（五名）、正直である（三名）、恩を感じている（二名）、思い切り使えるので良い（一名）、という理由をあげていた。「悪い」と答えた人の内容は、日がたつと生意気になる（一五名）、責任感がない（五名）、はじめは良いが間もなく怠け出す（四名）、仕事が遅い（四名）、恩を知らない（四名）であった。

雇いの中国人ボーイとの間にトラブルが生じることもあり、民族の相違を乗り越えた関係をつくることは、日本人、中国人ともに難しかったようである。トラブルの上、解雇された中国人ボーイが仕返しとばかりに、元主人の日本人家族を殺す事件も起きていた。(50)

中国人を雇う日本人にとって、一九二〇年代以降、中国ナショナリズムの高揚を背景に、中国人が自らの権利を主張し始めたことは脅威であった。満鉄は上海や青島で大規模なストライキが発生したことをうけて、二五年一二月に労働運動への対策本を刊行した。(51) この対策本は日本人と中国人の問題がこじれてしまう原因として、第一に、日本人の多くは中国語を知らないため中国人労働者と意思疎通ができず、いきおい両者の間に対立が生まれるという「言語の不通」をあげている。第二に、日本語ができる中国人に頼りすぎる点をあげる。日本語ができる中国人がいるのをよいことに、日本人は中国人の側の事情を知る努力をせず、「永《ナガ》ク満洲ニ在《ア》リテ一向支那及支那人ノ事情ニ通」じていないと指摘する。まとめとして、総じて日本人は中国人のことを知らず、「満洲ヲ以テ日本国ノ延長ノ如《ゴト》ク考ヘ、満洲ハ支那ノ一部ナルコトヲ忘」れている日本人が多いとしている。

次に、労働者として日本人と中国人にはどのような相違があったのか見てみたい。まずは賃金について、表17は一九二六年七月の肉体労働に属する職業の賃金について示している。どの職業も日本人と中国人とでは賃金に二～三倍の差があり、中国人は安く使える労働力であったことを示している。賃金差だけでなく、日本人は指導・監督的な仕事をし、中国人は肉体労働をしており、日本人と中国人では労働の内容も異なった。日本人労働者の様子は、「支那人労働者の追随《ついずい》し得《え》ぬ特殊の技能を有するか、或《ある》いは監督的地位にある」業務を担当し、「一種の労働貴族」でもあると形容されていた(52)。

表17　主要都市における日本人・中国人の賃金―1926年7月―（単位：銀円）

職　業	民　族	大連	奉天	長春	ハルビン
大　工	日本人	3.0	3.5	3.0	3.8
	中国人	1.0	0.9	1.0	1.8
ペンキ職	日本人	2.7	3.2	2.5	3.5
	中国人	1.0	1.1	1.3	2.5
鍛冶職	日本人	3.0	3.3	3.5	4.0
	中国人	0.9	1.1	1.7	2.5
活版職	日本人	2.2	2.0	1.5	3.0
	中国人	0.9	0.7	0.7	1.5
雑役夫	日本人	1.5	1.4	1.5	2.5
	中国人	0.5	0.4	0.5	0.6

出典　「大正十五年七月分南北満洲重要都市労銀比較表」『露亜時報』86号，1926年より作成．
注　最低賃金を示している．

一九二五年の『安東経済時報』に掲載された「満洲に於《お》ける労働事情」という論説は、満洲における日本人と中国人の働きぶりについて非凡な観察をしている。(53)中国人労働者は「怠惰《たいだ》に流れ不良なるも大体に於《おい》て熱心」に働き、単純な作業には優れているとし、これに対して日本人労働者は「兎角骨《とかくほね》惜《お》しみする傾向」があるという。中国人労働者のよい点としては長時間労働ができること、賃金の安い点をあげている。欠点としては、融通《ゆうずう》がきかない点、欠勤が毎日一割くらいあることをあげている。また、「多忙なる仕事を眼前に見ながら欠勤」したり、「会社に対する執着心」が薄く、すぐに転職するので、信頼して仕事をまかすことができないとも述べている。

「満洲には賃金の安い中国人労働者が多数いるので工場経営に適している」という主張は一面では事実をついている。しかし満洲に暮らす中国人はあくまで中国人であり、日本人ではなかった。中国人を安い賃金で雇うことは、それほど難しくはなかったであろう。しかし持久力には富むが、精巧な作業に苦手な中国人労働者だけで工場の操業はできない。どういう作業に中国人を配置するのが適当なのか、使う側は中国人の特性を知る必要があった。そう考えると、満洲で日本人が工場経営を成功させることは、それほど簡単ではなかったと思われる。

5　中国語と在満日本人

満洲に暮らした日本人のなかで、どれくらいの人が中国語を話せたのであろうか。この問題に対して統計的に答えることは資料的に難しい。

在満日本人の中国語能力に関する統計は一つしかない。日本で初めて全国的な国勢調査が一九二〇年に行われたことにともない、満洲でも在住日本人についての国勢調査が実施された。この時「中国語の能否」についても調査が行われた。その結果は、中国語のできる日本人は総数の三四%だとしている。(54)だが、この調査は中国語が「できる」、「できない」という二者択一の質問で行われており、どのレベルの中国語を話せたのかについては問うていない。極端に言えば、あいさつ程度の中国語しかできなくても、「できる」と答えた人がいたかもしれない。それゆえ、三四%の日本人がみな堪能《たんのう》な中国語を操っていたとはみなしえない。在満日本人を対象とした国勢調査はその後も行われたが、以後の調査では奇妙にも「中国語の能否」についての項目はなくなっている。

これまで述べてきたように、在満日本人の多くは関東州と満鉄付属地に日本人同士でかたまって生活していた。それゆえ、日常の交際相手はほとんどが日本人のため、中国語を話す必要はなかった。中国人と接する貿易商などの特別な職業の日本人は中国語を話したと思われるが、普通の在満日本人にとって中国語は生活に不可欠なものではなかった。こうした状況のため、奉天には二万人ぐらいの日本人がいるが、中国語のできる日本人は二〇人程度に過ぎないという観察もある(55)。

在満日本人のなかでは一大勢力であった満鉄の社員も、それほど中国語ができたとは思えない。一九二〇年の『読書会雑誌』には、雇員や傭員の若い人のなかには言葉が通じないことから、中国人を邪険《じゃけん》にあつかうことがあるので注意してほしいという論説が載っている(56)。満鉄は社員が中国語を習得する必要性を認め、二二年に語学検定試験の制度を設け、合格者には手当てをつけることにした。二二年の志願者は二四七名だったが、三〇年には二〇三九名に増えていた(57)。志願者は増えていたが日本人社員は二万人ぐらい（満洲事変前）いたので、中国語を学ぼうとする社員は少数派であったとみなせよう。

多くの在満日本人は、満洲に先進的な技術や知識をもたらしたのは自分たち日本人だと考え、中国人に対しては文化的な優位性を抱いていた。「ハイカラな横文字なら習う気」になるが、見下し、蔑視している中国人の話す言葉を、積極的に学ぼうとする日本人は少なかった(58)。交友範囲の狭い在満日本人にとって、中国語を習得しても話し相手となる教養ある、きちんとした中国人と知り合う機会はなかった。在満日本人の身近にいる中国人といえば車夫や「苦力」であり、彼らとコミュニケーションするために在満日本人が中国語を学ぶことなどはありえなかった。

日常生活のほとんどは中国語なしで用は足りたが、中国人の行商人や雇いの中国人ボーイと話すときには中国語を話す必要があった。だが、最低限必要な内容が伝わればよかったため、正式な中国語のレベルに達していない、日本語と中国語を混同した不可思議な言葉が生まれた。

言うならば「日中合弁語」ともみなされる単語の代表は、「你呀（ニーヤ）」であろう。「你」は中国語で二人称単数をあらわす代名詞だが、転じて中国人を意味する言葉として在満日本人の間で使われた。「あんたの使っている你呀」、「魚屋の你呀」などと使われた。一方中国人は日本人に対して、「你呀」を「あなた」という意味で使った。「你呀車乗る好（あなたどうぞ車に乗ってよ）」、「你呀プシンじゃないか（あなたダメじゃないか）」、という言葉を日本人に話す中国人が満洲にはいた(59)。

中国人行商人とのやりとりでは、行商人が「你的我的朋友的没法子まけとく（あなたと私は友達だから、しかたないからまけとく）」と言うと、日本人の奥さんは「我的你的朋友不是（私とあんたは友達ではない）」とやり返した(60)。とにかく意味が通じれば良いと考えたので、日本語の語順に中国語を並べていた。「両毛銭太貴じゃないか、一毛銭負ける好（二銭では高いので、一銭にまけろ）」とか、「你的昨天的今天来来説話じゃないか（あんたは昨日、今日来ると言ったではないか）」などの言葉が、大連や満鉄付属地では飛び交っていた(61)。

「日中合弁語」は在満日本人と中国人の意思疎通の手段として機能したが、正しい中国語を学んだ日本人には理解できない表現も多かった。例をあげるならば、「還少々頂好的没有か（まだもう少し好いものはあるか）」、「他的姑娘的朋友大々有（彼は女性のなじみが多い）」、「我的衣裳壊了、你的頂好修理（私の洋服が破れた、あなたはなおせますか）」などがある。[62] かかる表現は、日本語の単語が中国語のなかでも同じ意味に使われているという思い込みの上に成り立っていたみなされよう。

日本語が中国語のなかに入り込み、中国人が日本語の単語を使う状況も生まれた。例えば、「帰ろう」という日本語は「開路」と中国語で当字され、行き帰りを表現する語句として使われた。「クルマ」も中国人に浸透し、馬車を呼ぶ際に中国語で発音する必要はなく、「クルマ」で要が足りたという。[63]

中国人と日本人の双方の誤解から、新たな意味を持つようになった単語もあった。その代表例は「ポコペン」である。「ポコペン」は中国語で「不够本兒」と書き、「もとで」（本兒）に「足らない」（不够）、つまり損してしまうという意味で中国人は使っていた。値引きをする日本人に対し、中国人商人は「ポコペン」を連発した。そのため日本人は、「ポコペン」は「いけない」を意味する中国語だと誤解してしまった。そして日本人は「いけない」を中国人に伝える時、「ポコペン」と言いはじめた。今度は中国人が「ポコペン」という日本語は「いけない」を意味すると理解し、日本人に対しても使うようになった。ここに、「ポコペン」＝「いけない」を意味する新たな単語が誕生した。[64]

日露戦争後に誕生した珍妙な「日中合弁語」は、表面的な意味が伝われば十分だという考えが生み出していた。要するに、「日中合弁語」は考えや心情までは表現できない、上《うわ》っ面《つら》をなでるような言葉であった。大連や満鉄付属地で生活する限りレベルの高い中国語を話す必要はなく、「日中合弁語」程度の中国語で用は足りた。藪野遼陽領事が一九二三年に書いた報告には、中国語の習熟が叫ばれているにもかかわらず、周囲に日本人がたくさんいるため中国語を学ぶ日本人は少なく、「十数年在留ノ本邦商人ニシテ苦力語ヲ以テ相当ナル支那人ト対談」しているとし、これでは日本人と中国人の意思疎通がうまくいくとは思えないとある。(65) 在満日本人は外国である満洲に暮らしたとはいえ、中国語を話す人は限られており、さらには中国語を話す必要もない生活をおくっていたである。

おわりに

満洲事変前において、在満日本人のほとんどは関東州と満鉄付属地という限られた空間で活動していた。在満日本人の中心には満鉄社員、関東庁の官吏という満洲権益の運営に携《たずさ》わる人が座っていた。満鉄社員も病気になるので日本人の医者がおり、子供への教育も必要なので日本人の先生がいた。さらに、満鉄社員らが日本国内と同じ生活をするのに必要な商品や料理を提供する小売商や飲食業を営む日本人が存在した。この他に、日本本国の企業から派遣された会社員や貿易業を営む商人もいた。満洲で活動した日本人商人の大半は在満日本人を顧客にした小売商であり、大豆輸出や日本製品の輸入を専門にした日本人商人の人数は少なかった。こうした構成の在満日本人社会は日露戦争後に形成され、以後その人数は増えたが、基本的な構成は変わらなかった。そして在満日本人社会を下支えする存在として、低賃金の中国人労働者が存在した。

日本のようにゴミゴミせず、整然とした道路、レンガ作りの立派な建物の連《つら》なる街を日本人が歩くならば、日本国内で感じる息苦しさから解放され、まさに「狭い日本には住み飽きた」という気持ちになったであろう。しかしながら、一皮むけば満洲権益の中にちぢこまり、中国人労働者に依存するという、いびつな構造の社会でもあった。

満洲の大地は広かったが在満日本人の生活空間は狭く、日常生活のなかで接した人も限られた。関東州、満鉄付属地に住む在満日本人にとって、その外に広がる中国人の生活空間は関係を持つ必要のない世界であった。日々の生活に必要なものは、何でも大連や満鉄付属地のなかで手に入った。中国人の生活空間に必要なもの、欲しいものなど何一つなかった。関東州や付属地の外は法律も、経済制度も、言語も、習慣も日本とは違う世界であり、公権力が生命、財産を守ってくれる度合いは低く、各個人が武装し、自分の身は自分で守るという、およそ日本の常識が通用しない場所でもあった。こうした場所において、日本国内で得られる以上の収入を稼ごうとするならば、麻薬の密売や売春婦といった正業とはいえない仕事を選択するしかなかった。

関東州や満鉄付属地で在満日本人相手の商売をしていた日本人にとって、関東州や付属地の外は売り上げ不振を打開するための、新たな販路として開拓できるような場所ではなかった。それゆえ、在満日本人の商工業者は自分たちの苦境を解決するには、外に向かうのではなく、内に向かうしかなかった。「在満日本人相手で行き詰まったので、付属地を出て中国人を相手に生計を立てる」という考え方は、当時の状況では実現の可能性は極めて低かった。

これまでの研究において、在満日本人商工業者は不況期には日本政府や満鉄などに苦境脱出の請願を行う、内向きの対応をしていたことが指摘されている。柳沢遊氏は、一九二〇年代に「日本人居留民の社会運動は、満鉄・関東庁による経済的救済を志向するように」なり、「銀経済下で発展を示す中国人商人・職人との市場レベルでの競争に敗退した中・下層日本人は、自らの陥った経営不振を、日本人社会内部の救済の論理におきかえて、満鉄・関東庁に『中間層擁護』政策を要請」したと述べている。(1)よく理解できない点は、中国人商人・職人との競争の敗退が、なぜ「日本人社会内部の救済の論理におきかえ」られ、満鉄や関東庁への要請に結びつくのかである。

中国人商工業者との競争敗退から脱却する選択肢は、なにも日本人社会の内部にだけあるわけではない。にもかかわらず、なぜ在満日本人は「内向き」の選択肢をとったのか。その理由は在満日本人の活動だけを検証するのでは明らかにできない。在満日本人が置かれた状況をもっと広い視野から考察し、満洲のなかで日本人はどのような位置を占めたのかを明らかにしなければ、「内向き」を選択した理由は説明できない。

本書では関東州と満鉄付属地以外の場所で、日本人が暮らすのは難しかったこと、普通の日本人が中国人の生活空間に行っても、およそ経済活動などは無理であったことを明らかにした。また、日本人が生活レベルの違う中国人と経済競争しても勝ち目はなく、在満日本人商工業者は日本人との取引を志向する在満日本人の特性に助けられ、なんとか営業を続けていた点を明らかにした。在満日本人のほとんどは日本人との関係から生計を営んでいたので、中国人と取引する知識も能力もない人が多く、さらには中国人と取引しようとする意欲も低い集団であった。それゆえ、在満日本人商工業者が関東州や付属地を出て中国人を相手にした「外向き」の対応を行うことは無理であり、残された選択肢は「内向き」しかなかったのである。

在満日本人の特徴としてもう一つ指摘したいのは、在満日本人は基本的には日本国内を見て動いていた点である。満鉄社員は日本国内の政変により入れ替わる社長・重役に気を使い、日本人商人は一財産できれば日本に戻り、新たな生活を始めることを夢見ていた。日本とのつながりを第一に考えた在満日本人にとって、満洲の状況に対する関心は低く、関東州や満鉄付属地の外の世界を知ろうとする在満日本人は少なかった。

評論家の清沢洌《きよし》は一九二四年に満洲を訪れたおり、在満日本人が中国人との競争に敗れていく背景には、日本人の国家主義と中国人の個人主義があると指摘した。清沢は大連や満鉄付属地の発展は日本が国家的事業としてその整備を進めた成果であり、日本政府や満鉄の補助金なくして関東州や満鉄付属地の財政は破綻《はたん》したので、在満日本人は国家の「濃厚なる保護主義」により存在できたとする。しかし中国人は在満日本人とは違い、「彼等の商売は小さいが、その運転は懐の現金でやって」おり、国家を頼まず個人の才覚で勝負している。人間としてどちらが強いかは考えるまでもなく、在満日本人は中国人の敵ではないと述べている(2)。清沢洌は満洲権益に依存する日本人、個人の能力により生きる中国人という、それぞれの生計の立て方の違いに着目し、在満日本人が不振に陥った原因を説明するという卓見《たっけん》を唱えていた。

奉天総領事をつとめた蜂谷輝雄も戦後の座談会のなかで、在満日本人が満鉄や日本政府に対して強い依存心を持っていたことを言及している。(3)

当時満洲の鉄道付属地における日本の政策は満鉄などを通じ、至《いた》れり尽《つ》くせりの保護政策と言ってよかった。付属地に住んでおれば、日本内地と同じように手厚い保護を受けられたので、苦労して中国語を勉強せんでも結構商売ができ生活ができた。これは満洲が日本の生命線であり、非常に重要な地域だったので、教育をはじめいろいろな面で内地と同じ保護助成策を講じたことによると思うが、これがかえって日本人に満鉄や政府にたいする依頼心を起こさせ、中国人社会に飛び込んで一緒にやろうという気風を弱くしたのではないか。それだから結局いざというとき、中国人と競争して太刀打ちできなくなり、面倒を見てくれぬと日本政府を批判することにもなった。

満鉄の保護政策は周囲と隔絶した空間を生み出す作用を果たし、その結果、在満日本人はそこでの安住を第一に考え、外に出る意欲は持たなくなったのであろう。日本人小売商の乱暴な商売は、こうした閉鎖的な社会が生み出した特性の一つだと考えられる。

満洲国の建国により、日本人は関東州や満鉄付属地の外でも自由に動けるようになった。しかしながら、結局日本人は日本人で固まった集団をつくっており、日本人商人の商圏は拡大せず、依然として中国人商人との競争に敗れていた。建国当初は中国人への理解を深めなければならないという主張も存在した。一九三二年に『満鉄社員健闘録』（満洲事変の際に、満鉄社員がいかに奮闘したかをまとめたもの）を編集した満鉄社員の加藤新吉は、日本人の問題は「満洲に住む民衆と其《その》社会とに対する認識の欠如」にあるとし、満洲の社会は「複雑な支那料理を食ふ支那人の社会」であり、「刺身と生野菜を食ふ日本人の社会」ではなく、満洲社会を知るためには「いやといふ程《ほど》にんにくの臭」を嗅ぐ必要があると述べている[4]。だが、こうした試みをした日本人はごく少数にすぎず、大半の日本人は実行しようともしなかった。

　少数の貿易商と売春婦が流入するなか日露戦争が勃発し、満洲に従軍した日本兵相手の商売を目的に多数の日本人が渡満した。日露戦後は満洲権益に依存して生活する集団が形成され、その中心は満鉄社員や関東庁の官吏が占めていた。在満日本人は異国の満洲で日本国内と同じ生活を続けることにこだわったため、日本で使った物と同じ物を販売する日本人商人、日本国内と同じ料理を提供する飲食店、さらには日本人の医者、教師、弁護士なども満洲には存在した。大連や満鉄付属地で暮らした日本人は在満日本人を相手にした日常をおくっており、中国人におよぼした影響力は軽微であったと言えよう。

　しかしながら、満洲社会は日露戦争後に本格化した大豆輸出や日本製品の流入などの、日本人がもたらしたヒト・モノ・カネ（移民・貿易・資本輸出）の衝撃にさらされていた[5]。そして、これらの衝撃が社会の内部に浸透する過程で、満洲社会にはさまざまな変化が生じていた。とはいえ、満洲事変前においては、日本の衝撃はまだ満洲社会の深部には達していなかったと言えよう。そして別稿で検討したが、満洲国期の一九四〇年代になっても、日本の衝撃は満洲社会の動向を完全に規定していたわけではなかった(6)。

満洲国下での日本人の独善《ひとりよ》がりな行動は、満州権益にしがみついて生きていた満洲国以前の在満日本人の影響を強く受けていたと考えられる。こう考えると、根本的な発想の転換がなければ「民族協和」などはそもそも不可能だという見解を導けよう。支配民族として君臨した日本人に発想の転換などは無理であり、中国人や中国社会に目を向ける日本人はほとんどいなかった。

在満日本人は異質な集団に入ることを拒否し、日本とは全く異なる風土の満洲に日本国内の生活様式を持ち込み、それ以外の生活は認めないかのような態度をとっていた。こうした在満日本人のあり方を、現在の視点から批判することは簡単である。だが、在満日本人のような周囲と調和しようとしない独善がりの行動は、本書の冒頭で触れた、海外で活躍する日本人スポーツ選手の姿を見ると、現在では克服できたのではと思うときもある。とはいえ、かかる日本人は一部に過ぎず、日本人の価値観が世界中で通用すると考えている人もまだまだ多いように感じる。日本人として海外で生きるとはどういうことなのか、本書がこの問題を考える一助となれば、筆者としては幸いである。

注　記

はじめに

（1）岡部牧夫『海を渡った日本人』山川出版社、二〇〇二年、二七～三七頁。
（2）『満洲日日新聞』については、李相哲『満州における日本人経営新聞の歴史』凱風社、二〇〇〇年を参照。
（3）『日本人物情報大系　満洲編』全一〇巻、索引一巻、皓星社、一九九九年（以下『人物』と略す）。
（4）柳沢遊『日本人の植民地経験　大連商工業者の歴史』青木書店、一九九九年、三三六頁。
（5）本野英一氏が、西嶋定生氏の提唱する東アジア世界論の目的を述べた際に用いた表現を借りている（本野英一「アジア経済史の課題と方法」『アジア太平洋経済圏史1500–2000』藤原書店、二〇〇三年、三一七頁）。

一　満洲への日本人の流入

（1）小峰和夫『満洲　起源・植民・覇権』御茶の水書房、一九九一年、八九～九一頁。
（2）『人物11』四一二頁、『人物12』二一四頁。その後阿川は満鉄や関東庁の指定請負人になり、実業家としての地歩を築いた。
（3）石光真清『荒野の花』中公文庫、一九七八年、一六三～一六五頁。
（4）「露国東清鉄道並満洲内地在留本邦人情況」『通商彙纂』二四七号、一九〇三年。
（5）資料上は売春婦ではなく、「本邦婦女」、「芸妓」、「娼妓」、「酌婦」などと記述されている。その分類は法律的には区別されていたが、実際に行っていたのはみな売春行為であるという倉橋正直氏の指摘にしたがい売春婦とした（倉橋正直『北のからゆきさん』共栄書房、一九八九年、一四四〜一四五頁）。
（6）土岐康子「極東ロシアと日本人娼婦」『ロシア史研究』五七号、一九九五年。
（7）『人物12』二七九頁、『満洲草分物語』満洲日日新聞社、一九三七年、七二〜八二頁。
（8）『人物13』四一頁。
（9）『人物11』一六三、三五五頁。『人物12』一七四頁。川上賢三は後に大連市議員、大連商業会議所議員などに就任する大連の有力商人となり、山下五郎は安東で材木商として成功した。
（10）「遊清記」『内藤湖南全集』第四巻、筑摩書房、一九七一年、三三三頁。
（11）「清国在留本邦人職業別表」『通商彙纂』改四六号、一九〇三年。
（12）「牛荘近況」『官報』三〇七六号、一八九三年。
（13）山本条太郎翁伝記編纂会編『山本条太郎伝記』一九四二年、八六頁。山本の営口訪問を一八九〇年だとする文献もある（金子文夫『近代日本における対満州投資の研究』近藤出版社、一九九一年、三三頁、注一二参照）。
（14）小峰和夫「日清戦争後の日満貿易の成長」『日大農獣医教養紀要』二四号、一九八八年。
（15）『人物11』三八三頁。
（16）『人物11』七六頁。
（17）営口領事館書記生本子熊太郎「牛荘港ニ於ケル本邦商估ノ状況」一八九六年七月二一日（外務省外交史料館三・三・七・一三「本邦人外国ニ於テ商店ヲ開キ営業スル者氏名住所営業ノ種類等取調一件」所収）。
（18）「奉天視察報告書提出之件」一九〇二年三月八日（外務省外交史料館六・一・六・四二「牛荘領事館報告書」所収）。
（19）『人物20』一五五〜一五八頁。

（20）『人物11』六二頁、『人物12』二八八頁。

二　日露戦争による在満日本人の変化

（1）『日本外交文書　日露戦争Ⅲ』三九四号文書、五九〇～五九一頁。
（2）営口商工公会『営口日本人発展史』一九四二年、一〇四頁。
（3）『満洲草分物語』満洲日日新聞社、一九三七年、三四〇～三四一頁。
（4）奉天居留民会『民会二十年史』一九二六年、一三八頁。
（5）『外務省警察史』七巻、不二出版、一九九六年復刻、五八～六一頁。
（6）『南満洲鉄道株式会社十年史』原書房、一九七四年復刻、一〇～一二頁。
（7）「公主嶺の発達」『満洲日日新聞』一九一一年一月一日。
（8）「長春在住本邦人ノ状況報告ノ件」一九〇六年一二月七日（外務省外交史料館五・二・六・六―三「日露戦役ニ依ル占領地施政一件　遼陽、奉天、新民屯、鉄嶺、公主嶺、長春ノ部」所収）。
（9）『日本外交文書』明治三九年第一冊、一一八号文書、一七八～一八〇頁。
（10）「哈爾浜の諸統計」『露亜時報』一四七号、一九三二年。
（11）ハルビン総領事川上俊彦→小村外務大臣　一九〇九年一月六日（外務省外交史料館一・一・二・五六「哈爾浜地方ニ於ケル帝国ノ政治的及経済的状態ニ関スル在同地川上総領事報告一件」所収）。
（12）山村睦夫「日本帝国主義成立過程における三井物産の発展」『土地制度史学』七三号、一九七六年。『三井事業史　本篇第三巻上』三井文庫、一九八〇年、五〇～五八頁。
（13）金子文夫『近代日本における対満州投資の研究』近藤出版社、一九九一年、第三章。
（14）「人の噂（九）」『満洲日日新聞』一九〇六年五月二七日。

(15) 関東都督府『関東都督府施政誌』一九一九年、七八頁。
(16) 『日本外交年表並主要文書』上、原書房、一九六五年、二五四頁。具体的には奉天、安東、鳳凰城、遼陽、新民屯、鉄嶺、通江子、法庫門、長春、吉林、ハルビン、寧古塔、琿春、三姓、チチハル、海拉爾、愛琿、満洲里。
(17) 『満洲興信録』満洲通信社、一九一五年、一六頁。関東都督府の構成員については、『旧植民地人事総覧　関東州編』日本図書センター、一九九七年を参照した。
(18) 前掲『満洲興信録』六七頁。
(19) 前掲『満洲草分物語』四五一〜四五二頁。
(20) 『人物12』三九四頁。
(21) 『人物11』三九三頁。
(22) 前掲『南満洲鉄道株式会社十年史』二二三頁。
(23) 栗原健「関東都督府問題提要」『対満蒙政策史の一面』原書房、一九六六年。
(24) 前掲『関東都督府施政史』九六〜九七頁、関東庁『関東庁施政二十年史』上、原書房、一九七四年復刻、二一六〜二一八頁。
(25) 「南満洲実業連合大会報告」（外務省外交史料館三・三・一〇・五「南満洲実業連合大会関係雑纂」所収）。
(26) 中野正剛『我が観たる満鮮』一九一五年、一六四〜一六五頁（『大正中国見聞録集成』第1巻、ゆまに書房、一九九九年所収）。
(27) 『原敬日記』第三巻、福村出版、一九八一年、一三三頁。
(28) 「十五年前から（続）」『読書会雑誌』七巻六号、一九二〇年。
(29) 『人物13』一六七頁、「勤続三十年」『協和』一七〇号、一九三六年。
(30) 前掲『南満洲鉄道株式会社十年史』一二九〜一三〇頁。

(31) 『満鉄側面史』満鉄社員会、一九三七年、一二三頁。
(32) 田中清次郎「創業時代の満鉄」『協和』二九九号、一九四一年。
(33) 伊藤武雄『満鉄に生きて』勁草書房、一九六四年、四九～五〇頁。
(34) 『人物12』四一二頁、『人物14』一三〇頁。
(35) 満鉄会『満鉄最後の総裁山崎元幹』一九七三年、一五〇頁。
(36) 前掲『満鉄に生きて』三頁。
(37) 『人物12』三九二頁、『人物14』三四九頁。
(38) 『人物12』三七一頁。
(39) 『人物12』三八八頁、『人物13』三一二頁。
(40) 『人物12』四四三頁。
(41) 『人物12』二七一頁、『人物13』二四一頁。
(42) 『人物12』二四一頁、『人物13』二三頁。
(43) 『人物12』九一頁。
(44) 「駅夫不出世記」『読書会雑誌』九巻二号、一九二二年。
(45) 前掲『南満洲鉄道株式会社十年史』一三七～一三八頁。
(46) 『人物12』六七頁、『人物13』一八五頁。
(47) 『人物12』二六七頁、『人物13』八一頁。
(48) 前掲『近代日本における対満州投資の研究』第一章第二節。
(49) 前掲『南満洲鉄道株式会社十年史』三二九頁。
(50) 前掲『近代日本における対満州投資の研究』一八〇頁。

(51)『人物11』三六七頁、『人物12』四二〇頁。
(52)『人物11』三一〇頁、『人物20』二六〇頁。
(53)『人物20』二四三～二四四頁。
(54)『人物20』二三九頁。
(55)松本俊郎「関東州・満鉄付属地の経済」『旧日本植民地経済統計』東洋経済新報社、一九八八年、一一七頁。
(56)『満鉄附属地経営沿革全史』上巻、龍溪書舎、一九七七年復刻、三三頁。
(57)「奉天在留本邦人ノ経済状況」『通商彙纂』一九号、一九〇九年。
(58)『人物12』三七頁、『人物20』二八九頁。
(59)『人物13』二三九頁、『人物14』一〇〇頁、『人物20』三〇四～三〇五頁。
(60)『人物13』三四五頁、『人物20』二九四、二九六頁。
(61)東京高等師範学校修学旅行団記録係『遼東修学旅行記』一九〇七年、一一七、一三〇頁。
(62)満鉄地方部土木課加藤与之吉『南満洲鉄道株式会社土木十六年史』一九二六年、六〇三頁。
(63)『人物12』八〇頁、『人物13』二七七頁。
(64)梅木末吉『満蒙開発と三州人』一九二五年、五三八～五四〇頁、『人物19』三二六頁。
(65)泉廉治『長春事情』一九一二年、三六一頁。
(66)寺本康俊「後藤新平の満州経営案」『日露戦争以後の日本外交』信山社出版、一九九九年。
(67)小野一一郎「日本帝国主義と移民論―日露戦争後の移民論―」『世界経済と帝国主義』有斐閣、一九七三年。
後に、小野一一郎『資本輸出・開発と移民問題』ミネルヴァ書房、二〇〇〇年へ所収。
(68)平野健一郎「『満洲産業調査』(一九〇五年)について」『年報近代日本研究』三号、一九八一年、四四八頁。
(69)柳沢遊『日本人の植民地経験　大連日本人商工業者の歴史』青木書店、一九九九年、七四～七九頁。

(70) 黒田甲子郎『満洲紀要』後篇、一九一二年、一〇七頁。
(71) 柳沢前掲書、七五頁。
(72) 外務省通商局「満洲移民ニ就テ」(外務省外交史料館三・九・二・一〇「満洲移民ニ関スル調査雑件」所収)。
(73) 服部暢『満洲』政教社、一九一三年、四三〇〜四三三頁。
(74) 同前、四三六頁。
(75) 中野正剛「大国大国民大人物—満蒙放棄論を排す」『我が観たる満鮮』一九一五年(前掲『大正中国見聞録集成』所収)。
(76) 「南満洲実業連合大会報告」(外務省外交史料館三・三・一〇・五「南満洲実業連合大会関係雑纂」所収)。
(77) 拙著『中国近代東北経済史研究』東方書店、一九九三年を参照。
(78) 「南満洲ニ於ケル本邦人ノ経済状態ニ関スル統計的観察」(外務省外交史料館三・四・六・五「支那ニ於ケル本邦人ノ発展及状況雑件」所収)。

三　在満日本人の活況と苦境

(1) 『日本外交年表並主要文書』上、原書房、一九六五年、四二二頁。
(2) 南満洲の地理的範囲をめぐり日本と中国の見解は一致せず、日本人が自由に居住できる範囲は未確定であった(川島真「南満洲の解釈可能性」『アジア遊学』四四、二〇〇二年)。
(3) 金子文夫『近代日本における対満州投資の研究』近藤出版社、一九九一年、一七九〜一八六頁。
(4) 同前、二五二〜二六〇頁。
(5) 黒瀬郁二『東洋拓殖会社　日本帝国主義とアジア太平洋』日本経済評論社、二〇〇三年、一二一〜一四一頁。
(6) 中島一郎、菊池秋四郎『奉天二十年史』一九二六年、六〇〇〜六〇一頁。

（7）清水元「外務省『海外在留本邦人職業別人口調査一件』の史料的性格」『アジア経済』二六巻三号、一九八五年。
（8）満鉄庶務部調査課『我国人口問題と満蒙』一九二八年、一四六頁。
（9）台湾に在住した日本人も、植民地官吏を中心として商工業者と雑業者の三者が構成するという、偏った職業構成であったことが指摘されている（波形昭一「台湾における経済団体の形成と商業会議所設立問題」波形昭一編著『近代アジアの日本人経済団体』同文舘、一九九七年、一八〜一九頁）。
（10）「明治時代の満日」『満洲日報』一九三四年四月二九日。
（11）水内俊雄「植民地都市大連の都市形成」『人文地理』三七巻五号、一九八五年。
（12）篠崎嘉郎『満洲金融及財界の現状』下巻、大阪屋号書店、一九二八年、二〇五頁。
（13）「大連の大地主（一）、（二）」『満洲日日新聞』一九一七年五月二七日、二九日。
（14）「在満日本人の社会的地盤」『満洲之社会』二巻一二号、一九二四年。
（15）『経済小観と満洲の人物』一九二二年、五二〜五三頁。
（16）「男も女も大払底」『満洲日日新聞』一九一八年八月一二日。
（17）「好景気と銀暴騰で支那人乞食が集らぬ」『満洲日日新聞』一九一九年一一月二〇日。
（18）「ボーナスいろいろ」『読書会雑誌』一三巻六号、一九二六年。
（19）伊牟田敏充「旧満州における銀行合同」石井寛治、杉山和雄『金融危機と地方銀行―戦間期の分析―』東京大学出版会、二〇〇一年。
（20）松重充浩「植民地大連における華人社会の展開」曾田三郎編『近代中国と日本―提携と敵対の半世紀』御茶の水書房、二〇〇一年。
（21）「奉天を見物仕候」『大陸』一六号、一九一四年。
（22）副島昭一「戦前期中国在留日本人人口統計（稿）」『和歌山大学教育学部紀要（人文科学）』三三号、一九八四年、表3。
(23) 前掲「奉天を見物仕候」。
(24) 関東庁編『関東庁施政二十年史』下、原書房、一九七四年復刻、七七九～七八一頁。
(25) 江上照彦『満鉄王国』サンケイ出版、八六頁。
(26) 「傭員の妻の告白」『読書会雑誌』九巻三号、一九二二年。
(27) 「開原附属地の繁栄」『満洲日日新聞』一九一二年四月二日。
(28) 「奉天附属地の住宅問題」『社会研究』四巻四号、一九二五年。
(29) 満鉄経済調査会『満洲産業統計　昭和6年』一九三三年、一七四～一七五頁。
(30) 『人物12』一五〇頁、『人物20』一九五頁。
(31) 「満洲貿易公司発起者に質す座談会」『奉天商工月報』三四六号、一九三四年、一二〇～一二一頁。
(32) 「満洲市場紹介展覧会を終へて」『奉天商工月報』三六八号、一九三六年、三九頁。
(33) 宮沢章『満洲回顧　苦節満鉄の二十年』南信州新聞社、一九九七年、五一頁。
(34) 満洲逓信協会『関東逓信三十年史』一九三六年、一八六～一八八頁。
(35) 外務省通商局『満洲事情』第三輯、一九一一年、二五一頁。
(36) 「哈爾浜の諸統計」『露亜時報』一四七号、一九三二年。
(37) 朝鮮群書体系続第二四輯『新朝鮮及新満洲』朝鮮雑誌社、一九一三年、八一五頁。
(38) 『人物11』四一〇頁、『人物12』一二七頁、『人物15』一七八頁。
(39) 『人物12』一〇〇頁、『人物13』二八一頁。
(40) 木野清一郎『露領南北満洲邦人発展史』一九一七年、一一頁、『人物12』三三二頁。
(41) 哈爾浜市特別公署『大哈爾浜』一九三三年、二一～二二頁。

(42)「傅家甸に於ける支那人の生活状況」『露亜時報』四七号、一九一三年。
(43)『人物11』四〇九頁、『人物13』一一八頁。
(44)『外務省警察史』一五巻、一九～二〇頁。
(45)「哈爾浜瞥見（四）」『満洲日日新聞』一九一一年五月二日。
(46)『外務省警察史』一七巻、不二出版、一九九七年復刻、三頁。
(47)『外務省警察史』一八巻、三頁。
(48)『外務省警察史』一五巻、三〇頁。
(49)『通商公報』四四六号、一九一七年。
(50)「東支鉄道沿線事情」『通商公報』四四六号、一九一七年。
(51)「東清沿線の成功者」『満洲日日新聞』一九一七年六月二一日。
(52)『外務省警察史』一七巻、一二七頁。
(53)「東清鉄道に於ける感想」『大陸』四三号、一九一三年。
(54)拙著『満洲国「民族協和」の実像』吉川弘文館、一九九八年、五二頁。
(55)「西部北満経済情勢の瞥見（下）」『長春商業会議所調査彙報』四巻四号、一九二四年。
(56)『人物13』六一頁、『人物14』三六頁、『人物15』一〇〇頁。
(57)「大混乱の哈爾浜」『満洲日日新聞』一九一八年九月六日。
(58)「哈爾浜地方ニ於ケル日本人ノ事業及労力」（外務省外交史料館三・四・六・五「支那ニ於ケル本邦人ノ発展及状況雑件」所収）。
(59)「哈爾浜居留民陳情書を提出」『満洲日日新聞』一九二二年一〇月二七日。
(60)加藤聖文「原敬と満鉄」『近代日本と満鉄』吉川弘文館、二〇〇〇年、四四頁。

(61)『満鉄王国』大陸出版協会、一九二七年、一八四〜二〇一、二一三〜二一六頁。
(62)同前、一三四頁。
(63)「愈々出で、愈々醜―暴露された満鉄不正事件」『大阪毎日新聞』一九二一年三月五日〜一五日。
(64)平山勉「満鉄社員会の設立と活動」『三田学会雑誌』九三巻二号、二〇〇〇年。
(65)『人物12』七五頁、『人物15』三二三頁。
(66)『人物12』二三頁。
(67)『人物12』三一頁、『人物15』一四七頁。
(68)『人物12』二九頁、『人物15』二一九頁。
(69)『人物13』四一頁。
(70)「学校別に観た若い社員達」『読書会雑誌』九巻一三号、一九二三年。
(71)「事務員の頭と現業員の心」『読書会雑誌』八巻一一号、一九二一年。
(72)「線路方の見方」『読書会雑誌』一三巻三号、一九二六年。
(73)「野人はかく言ふ」『読書会雑誌』一三巻三号、一九二六年。
(74)「中間駅長の独語」『読書会雑誌』一一巻三号、一九二四年。
(75)『南満洲鉄道株式会社第二次十年史』上、原書房、一九七四年復刻、一四一頁。
(76)「新入者の所感」『読書会雑誌』八巻八号、一九二一年。
(77)『満鉄附属地経営沿革全史』中巻、龍溪書舎、一九七七年復刻、九〇四頁。
(78)「組合のはなし」『文化と経済』七巻二号、一九二七年。
(79)「通帳が新聞紙になった」『文化と経済』八巻四号、一九二八年。
(80)「通帳の区別について」『文化と経済』七巻八号、一九二七年。

四　在満日本人の社会生活

（1）大連市役所『大連市史』一九三六年、三四五～三四六頁。
（2）川上賢三「寧ろ之れ贅疣」『大陸』二六号、一九一五年。
（3）前掲『大連市史』三五四頁。
（4）「大連市制の将来（十七）」『満洲日日新聞』一九二一年七月一〇日。
（5）「大連市制の将来（十二）」『満洲日日新聞』一九二一年七月四日。
（6）「大連市会議員選挙」『満洲日日新聞』一九二一年一一月二四日。
（7）「大混雑の選挙場」『満洲日日新聞』一九二二年二月二日。
（8）前掲『大連市史』第四編第二章。
（9）「大連支那市民の誤解」『満洲日日新聞』一九二四年三月七日。
（10）『満鉄附属地経営沿革全史』上巻、龍溪書舎、一九七七年復刻、七三～八〇頁。
（11）「四平街」『満洲日日新聞』一九二七年九月二七日。
（12）「地方委員選挙一面観」『読書会雑誌』八巻一一号、一九二一年。
（13）高谷大二郎「附属地商務会に就て」『地方経営』第二年第三号、一九二五年。
（14）前掲『満鉄附属地経営沿革全史』上巻、八五頁。
（15）同前、八七頁。
（16）満鉄総務部調査課『南満洲地方支那警察制度』一九一八年、一一～一三頁。
（17）伏屋武龍『公主嶺沿革史』一九一八年、一〇六頁。
（18）『外務省警察史』一三巻、九七～九九頁。

(19)「東支鉄道沿線の一隅より見たる現代支那の世相」(外務省外交史料館A・六・一・二・八「満蒙事情関係雑纂」一〇巻所収)一～一五頁。
(20)『目撃者が語る昭和史』第三巻、新人物往来社、一九八五年、二五五～二七二頁。
(21)『外務省警察史』一三巻、一一七～一二三頁。
(22)「人質生活の半年」『満洲日日新聞』一九一九年一〇月一九日。
(23)哈爾浜商品陳列館編『北満地方の阿片　上』一九二四年、四二～四四頁。
(24)貔子窩警務署『匪賊誌』一九二四年。
(25)前掲『公主嶺沿革史』一九四頁。
(26)「北満旅行叢談」『満洲日日新聞』一九一五年九月二〇日。
(27)「虎林紀行通信」『露亜時報』九八号、一九二七年。
(28)副島昭一「中国における日本の領事館警察」『和歌山大学教育学部紀要(人文科学)』三九号、一九九〇年。
(29)関東庁警務局『関東庁警察要覧』一九二七年、九〇～九三頁。
(30)前掲『南満洲地方支那警察制度』二～四頁。
(31)「同胞保護にあたる田舎勤めの警察官」『満洲日報』一九二八年二月一一日。
(32)外務省外交史料館M・二・三・〇・一―二「領事会議関係雑件　在満領事会議」。
(33)『戦史叢書　関東軍(1)』朝雲新聞社、一九六九年、四頁。
(34)中野良次「回想『満洲事変の真相』抜萃」『現代史資料11　続・満洲事変』みすず書房、一九六五年、二九〇頁。
(35)「零下三十度の酷寒の夜線路巡察の苦心」『満洲日報』一九二八年二月一日。
(36)清水国治『満洲駐屯守備兵の思ひ出』遼東新報、一九二四年、三四、一七六頁。
(37)前掲「回想『満洲事変の真相』抜萃」。

(38) 満鉄太平洋問題調査準備会『満鉄線運転妨害及関東州並州外付属地匪賊被害調査統計表』一九三一年、表1。
(39) 外務省外交史料館五・一・四・二七—一「南満洲鉄道沿線守備隊関係雑纂—将卒行為ニ関スル事故」第一巻。
(40) 同右、第二巻。
(41) 『日本外交文書』大正五年第二冊、八一七号文書、七六〇〜七六四頁。
(42) 『日本外交文書』大正三年第二冊、一二四号文書、一九〇〜一九五頁。
(43) 『人物12』五四頁、一七二頁。
(44) 『人物12』二五〇頁、『人物13』三七九頁。
(45) 満洲居留民連合大会『独立守備隊撤退反対理由書』一九二二年。
(46) 『満蒙全書』第五巻、満蒙文化協会、一九二三年、八〇〇頁。
(47) 波形昭一『日本植民地金融政策史の研究』早稲田大学出版部、一九八五年、一七二〜一八〇頁。
(48) 金子文夫『近代日本における対満州投資の研究』近藤出版社、一九九一年、二七七〜二七八頁。
(49) 「在満邦人興亡の一点」『満洲日日新聞』一九二六年七月一〇日。
(50) 「支那商人から甘いお客として扱はれて平気な日本人」『満洲日報』一九二七年一一月一一日。
(51) 「銀価に関係ある生活必需品時価」『満洲日報』一九三一年二月一一日。
(52) 「満洲に於ける労働事情（続）」『安東経済時報』五九号、一九二五年。
(53) 満鉄総裁部人事課『満鉄鉄道営業貨物積卸に関する華工制度の沿革』一九三〇年、一五〇〜一五九頁。
(54) 「瀋海吉海両沿線の現状」『満洲経済調査彙纂』一五号、一九三〇年、三八頁。
(55) 篠崎嘉郎『銀価の崩落と大連に於ける物価労銀』一九三〇年、九二頁。
(56) 竹中憲一『「満洲」における教育の基礎的研究』第四巻、柏書房、二〇〇〇年、五三頁。
(57) 『南満洲鉄道株式会社第二次十年史』原書房、一九七四年復刻、下巻、一一三七〜一一三八頁。

(58) 以下は、竹中憲一「満州における中国語教育（一〜五）」『人文論集（早稲田大学）』三一〜三六号、一九九三〜九七年による点が多い。
(59) 「満洲の小学校に支那語を課することに就いて」『満洲日日新聞』一九二六年一一月二五日。
(60) 福徳生命保険株式会社『教育家の目に映じたる朝鮮支那南洋事情』一九二七年、四一頁。
(61) 「異彩を放つ鉄嶺小学校（一）」『満洲日日新聞』一九一五年一月二九日。
(62) 弊原坦『満洲観』一九一六年、八一頁。
(63) 「満洲に私生児多し」『満洲日日新聞』一九一八年一月一九日。
(64) 「中学生の上に覆ひかかる恐ろしい試験地獄」『満洲日報』一九二九年二月一日。
(65) 『人物12』一〇〇頁。
(66) 『人物12』二二四頁。
(67) 「教専の入学志望者四百名に達す」『満洲日報』一九二九年一月一六日。
(68) 貝瀬謹吾君還暦並在満三十五年記念出版事務所『小松台文存』一九三八年、四八〇〜四八三頁。

五　苦悩する在満日本人―一九二〇年代―

(1) 林正和「張作霖軍閥の形成と日本の対応」『国際政治41　日本外交史研究』一九六九年。
(2) 藤井昇三「一九二〇年安直戦争をめぐる日中関係」『国際政治15　日本外交史研究』一九六一年。
(3) 『日本外交年表並主要文書』上、原書房、一九六五年、五二四頁。
(4) 小林英夫「満洲金融構造の再編成過程」『日本帝国主義下の満州』御茶の水書房、一九七二年。
(5) 服部龍二『東アジア国際環境の変動と日本外交　1918―1931』有斐閣、二〇〇一年、二一〇〜二一五頁。
(6) 久保亨『戦間期中国〈自立への模索〉』東京大学出版会、一九九九年。

(7) 土田哲夫「東三省易幟の政治過程（一九二八年）」『東京学芸大学紀要（3部門）』四四号、一九九二年。
(8) 満鉄庶務部調査課『昭和三年満洲政治経済事情』一九二九年、一二頁。
(9) 松重充浩「北京政府下の国民国家形成と東北地域」『中国近代化の歴史と展望』法律文化社、一九九六年。
(10) 川野幸男「中国人の東北（旧満洲）移民を再考する」『経済学研究（東京大学）』三八号、一九九六年。
(11) 拙稿「中国東北綿製品市場をめぐる日中関係」『人文研紀要（中央大学）』一一号、一九九〇年。
(12) 柳沢遊「在『満洲』日本人商工業者の衰退過程」『三田学会雑誌』九二巻一号、一九九九年。
(13) 満鉄調査課『満洲に於ける邦人の現況』下巻、一九三一年、二一頁。
(14) 「満洲ニ於ケル日貨排斥ノ影響ニ関スル調査送付ノ件」『日本外交文書』大正四年第二冊、八九四〜九〇七頁。
(15) 「紀奉天特別演説会」『申報』一九一五年七月一一日。
(16) 『第三回（大正四年）支店長会議議事録』一九六頁（三井文庫所蔵）。
(17) 「最近ノ奉天省官憲ノ対日態度並ビニ卑見申進ノ件」『日本外交文書』大正一四年第二冊上巻、四〇七頁。
(18) 松重充浩「国民革命期における東北在地有力者層のナショナリズム」『史学研究』二一六号、一九九七年。
(19) 尾形洋一「瀋陽における国権回収運動」『社会科学討究』二五巻二号、一九八〇年。
(20) 「満洲に於ける労働事情」『満鉄調査時報』四巻一一号、一九二四年。
(21) 満鉄社長室人事課『南満洲に於ける労働争議録—昭和二年度』一九二八年。
(22) 「企業地としての奉天」『満洲経済調査彙纂』一〇輯、一九二九年。
(23) 東郷茂徳『東郷茂徳外交手記　時代の一面』原書房、一九六七年、六三〜六五頁。
(24) 「最近のハルビン」『読書会雑誌』八巻一号、一九二一年。
(25) 満鉄哈爾浜事務所運輸課『東支鉄道を中心とする露支勢力の消長』上・下、一九二八年。
(26) 哈爾浜在住邦人有志大会『日支未解決懸案顚末』一九二八年。

(27)「在哈爾浜邦人特産商の現状」『哈爾浜日本商業会議所時報』二巻一二号、一九二三年。
(28)北満経済調査所『満洲事変並北鉄接収後に於ける哈爾浜を中心とする各国商工業の動向』一九三六年、三三一頁。
(29)同前、一五一、一三二頁。
(30)「行詰れる哈爾浜邦人の現状」『哈爾浜日本商業会議所時報』四巻一号、一九二五年。
(31)「在哈爾浜天羽総領事意見（昭和二年五月二一日）」『日本外交文書　昭和期I第一部第一巻』六四頁。
(32)高媛「『楽土』を走る観光バス」『岩波講座近代日本の文化史』6、岩波書店、二〇〇二年、二四二頁。
(33)「南北満洲の時間統一」『露亜時報』一五八号、一九三一年。
(34)「満蒙二五〇〇哩（二〇）」『京城日報』一九三一年七月一一日。
(35)「満蒙二五〇〇哩（一八）」『京城日報』一九三一年八月三日。
(36)「哈爾浜に於ける日露支三国人の生活状態比較」『哈爾浜日本商業会議所時報』二号、一九二一年。
(37)「北満日本居留民大会概要」『露亜時報』一四六号、一九三一年。
(38)日清興信所『満洲特産事情』一九二五年。
(39)「明治四〇年支店長諮問会議事録」六七頁（三井文庫所蔵）。
(40)三井物産資料課『満洲と三井』一九四一年、四二頁（三井文庫所蔵）。
(41)大連商工会議所『大連特産市場不振の原因と其対策』一九二九年、九四～九五頁。
(42)「満洲の特産物取引改善」『長春商業会議所調査彙報』六巻六号、一九二六年。
(43)「奉天市場に於ける特産物」『満洲経済長彙纂』五号、一九二八年、四〇頁。
(44)小風秀雅「満洲諸支店の経営動向」『両大戦間の横浜正金銀行』日本経営史研究所、一九八八年、一八八～一八九頁。

(45)「我在満特産物商の窮状と其対策」『長春商業会議所調査彙報』三巻三号、一九二三年。
(46) 拙稿「満洲事変前、大豆取引における大連取引所の機能と特徴」『東洋学報』八一巻三号、一九九九年、九九〜一〇〇頁。
(47) 同右、八八〜八九頁。
(48) 古河商事『大連事件顛末調書』前篇巻六、七〜八頁〔東京大学経済学部図書館蔵〕。
(49) 前掲「我在満特産物商の窮状と其対策」。
(50)「濡豆問題と奥地大連の関係」『長春商業会議所調査彙報』四巻二号、一九二四年。
(51)「第九回支店長会議議事録（大正一五年）」三四六頁〔三井文庫所蔵〕。
(52)「第十回支店長会議録（昭和六年）」一二〇〜一二四頁〔三井文庫所蔵〕。
(53) 前掲「中国東北綿製品市場をめぐる日中関係」。
(54) China. Imperial Maritime Customs, *Returns of Trade and Trade Reports*, Dairen, 1910, p78.
(55) 満鉄奉天駐在員『奉天全製品調査　生地綿布ノ調査』一九二四年、七頁。
(56) 満鉄大連調査員『大連全製品ノ調査　大連ニ於ケル生地綿布ノ調査』一九二四年、六〜七頁。
(57) 伏屋武龍『公主嶺沿革史』一九一八年、八四〜八五頁。
(58) 農商務省商務局『満洲ニ於ケル経済事情』一九一二年、六四頁。
(59)「正金銀行引揚ケニ対スル救済機関設置ニ関スル稟請ノ件」鉄嶺領事館事務代理根津芳造→本野外務大臣、一九一七年一二月一六日（外務省外交史料館三・三・三・三—一「本邦銀行関係雑件　正金銀行」一巻所収）。
(60)「綿糸布取引改善案（一〜三）」『満洲日日新聞』一九二六年四月四日、六日、七日。
(61)「綿糸布取引改善案（一六）」『満洲日日新聞』一九二六年四月一三日。
(62)「綿糸布取引改善案（四）」『満洲日日新聞』一九二六年四月八日。

(63)「綿糸布取引改善案（一七）」『満洲日日新聞』一九二六年五月一日。
(64)「悪辣な華商整理」『奉天商工月報』三〇二号、一九三〇年。
(65)「華商の直接仕入と邦商の窮状」『長春商業会議所調査彙報』四巻六号、一九二四年。
(66)「華商の出張仕入と長春」『長春商業会議所調査彙報』八巻一一号、一九二七年。
(67)満鉄興業部商工課『対満貿易の現状及将来』中巻、一九二七年、三五九頁。
(68)「奉天市場に於ける自転車」『奉天商工月報』三〇九号、一九三一年。
(69)「奉天市場に於ける玩具」『満洲経済調査彙纂』一五輯、一九三〇年。
(70)『南満洲鉄道株式会社第三次十年史』一九三八年、二一七八頁。
(71)「所感」『満洲輸入組合連合会会報』九号、一九二九年。
(72)「挨拶」『満洲輸入組合連合会会報』三四号、一九三一年。
(73)奉天商工会議所『第壹回奉海沿線旅商団視察報告書』一九二九年、同『第二回奉海沿線旅商団視察報告書』一九二九年。
(74)「打通沿線旅商団報告」『営口商業会議所報』八六号、一九二九年。
(75)「輸入組合の業態と組合が組合員に与えた影響」『満洲輸入組合連合会会報』四号、一九二九年。
(76)「第二回満洲見本市所感」『満洲輸入組合連合会会報』三五号、一九三一年。
(77)商工省貿易局『満洲貿易事情　後篇』一九三四年、五頁。
(78)「満洲雑感（二）」『満洲日日新聞』一九一〇年四月三〇日。
(79)内藤豊『満洲より帰りて』玄文社、一九一八年、一七頁。
(80)「穿きちがえた邦人の対支優越感」『満洲日報』一九二七年一一月二一日。「華人顧客に対するサーヴィスを改善せよ」『満洲輸入組合連合会会報』二九号、一九三一年。

(81) 満鉄興業部商工課『対満貿易ノ促進及在満邦商ノ発展策ニ関スル調査中間報告書』一九二五年、一二九頁。
(82) 「物にならぬ」『満洲日日新聞』一九一一年九月一日。
(83) 例えば、「大連商人の悪サービス」『満洲日日新聞』一九三九年四月一九日。
(84) 「何が支那商人をますます儲けさすか」『満洲日報』一九二九年九月二九日。
(85) 『満鉄社員消費組合十年史』一九二九年、一〇八～一〇九頁。
(86) 「組合撤廃問題」『文化と経済』七巻一二号、一九二七年。
(87) 「新満蒙に対する発展策如何」『満洲日報』一九三二年四月二日。
(88) 「大連日支人職業の盛衰　理髪業」『満洲日日新聞』一九二六年一一月一八日。
(89) 「大連日支人職業の盛衰　洋服店と其仕立職」『満洲日日新聞』一九二六年一一月二三日。
(90) 「大連日支人職業の盛衰　日本料理職」『満洲日日新聞』一九二六年一一月二一日。
(91) 「日本人の商売は次第に華人に奪われる」『満洲日日新聞』一九二三年一一月八日。
(92) 日本人商工業者が中国人商工業者との競争に敗れていくという現象は満洲だけでなく、台湾においても指摘されている（趙祐志『日據時期台湾商工会的発展』台北、一九九八年、六一～六四頁）。
(93) 「先づ此弊を改めよ」『大陸』四一号、一九一七年。
(94) 「在満邦商の特質―書籍定価売問題に寄せて」『経済満洲』七五号、一九三八年。
(95) 「大連市街頭に立ちて」『満洲日報』一九三一年一月二日。
(96) 『満鉄王国』大陸出版協会、一九一七年、一七六頁。
(97) 入江正太郎『一枚の屋根瓦』満洲日日新聞社、一九三八年、一五五頁。
(98) 土川信男「政党内閣と商工官僚」『近代日本研究8　官僚制の形成と展開』山川出版社、一九八六年。
(99) 小林道彦「政党政治と満州経営」『国際環境のなかの近代日本』芙蓉書房出版、二〇〇一年。

(100) 満鉄社員幹部一同『満鉄ノ使命ニ鑑ミテ吾人ノ衷情ヲ披瀝ス』一九二四年、五～七頁。以上の記述は、平山勉「満鉄社員会の設立と活動」『三田学会雑誌』九三巻二号、二〇〇〇年、による所が大きい。
(101) 「満蒙開発事業を政党政派より超越せしめよ」『大連商工月報』一八三号、一九三〇年。
(102) 「遼陽工場廃止の件」遼陽領事代理副領事山崎恒四郎→幣原外務大臣、一九二九年一二月二七日（外務省外交史料館F・一・九・二・一「南満洲鉄道関係一件」第八巻所収）。
(103) 満洲土木建築業協会長→幣原外務大臣、一九三一年七月二六日、外務省外交史料館同前所収。
(104) 朝日新聞政治経済部編『満蒙の諸問題』朝日新聞社、一九三一年、六五頁。
(105) 吉田茂「満鉄経営意見（昭和二年七月二六日）」（前掲「南満洲鉄道関係一件」第八巻所収）。
(106) 「多彩な将来性を持つ満鉄の中堅社員（二）」『経済満日』二三号、一九三四年。
(107) 「新入社員銓衡楽屋話」『協和』一九三〇年二五号。
(108) 「田辺地方部長訓示」『地方経営』第二年三号、一九二五年。
(109) 『満鉄各箇所使役華工調査報告』一九二八年、一六〇頁。
(110) 拙著『中国近代東北経済史研究』東方書店、一九九三年、三四～三六頁。
(111) 金子文夫『近代日本における対満州投資の研究』近藤出版社、一九九一年、四〇三～四〇七頁。
(112) 陳景彦「満洲事変前における南満洲鉄道の運輸政策とその影響」『関西学院大学経済学論究』四七巻一号、一九九三年。
(113) 一八八一年生、陸軍士官学校卒、二〇年入社、鄭家屯や洮南などに勤務した（前掲『満鉄王国』四五四頁）。
(114) 村田熊三『満鉄の事業失敗の根本原因』一九三一年。
(115) 尾形洋一「東北交通委員会と所謂『満鉄包囲鉄道網計画』」『史学雑誌』八六巻八号、一九七七年、前掲『近代日本における対満州投資の研究』四三〇～四四五頁。

(116) 野間清「満鉄経済調査会の設立とその役割―満鉄調査回想―」『愛知大学国際問題研究所』五六号、一九七五年、七頁。
(117) 高浜虚子「満洲は植民地ですか」『平原』八号、一九二四年。
(118) 金井虎雄「満支見聞記」『信濃教育』五二九号、一九三一年。
(119) 鍛冶邦雄「一九二〇年代における満洲への中国人の移動について」『両大戦間期のアジアと日本』大月書店、一九七九年。
(120) 満鉄庶務部調査課『昭和三年満洲政治経済事情』一九二九年、七五頁。
(121) 関東州庁内務部土木課『関東州愛川村』一九三五年。
(122) 満鉄庶務部調査課『我国人口問題と満蒙』一九二八年、二一二～二一四頁。
(123) 「座談会」『満洲の農業』一九二七年八月号。
(124) 満洲興信公所『満洲事業紹介』一九二八年、二〇二頁、『人物13』八九頁。
(125) 同前、三六〇頁。
(126) 『満鉄附属地経営沿革全史』中巻、龍溪書舍、一九七七年復刻、九〇五頁。
(127) 野添孝生「輸入品の趨勢と在満邦商の覚悟」『長春商業会議所調査彙報』四巻八号、一九二四年。
(128) 中外商業新報社『富源を求めて　満蒙の政治と経済』一九二八年、三八～四二頁。
(129) 「思ひ出の奉天を語る」『満洲日報』一九三三年四月四日。
(130) 満鉄庶務部調査課『日本は満蒙に何を貢献したか』一九二九年、九頁。
(131) 満鉄庶務部調査課『満蒙に於ける日本の投資状況』一九二八年、二七七頁。
(132) 前掲『我国人口問題と満蒙』一七四頁。
(133) 関東庁「南満洲鉄道附属地地方行政統一案」一九二七年七月二日（外務省外交史料館　A・五・三・〇・一「満

蒙行政統一関係一件」所収)。
(134)「満鉄附属地行政権移管不可論」(一九二九年に満鉄副総裁松岡洋右が執筆したものと推測される。前掲「満蒙行政統一関係一件」所収)。
(135)奉天総領事起案「満洲ニ於ケル行政機関ノ統一ニ関スル件」一九二九年四月、前傾「満蒙行政統一関係一件」所収。馬場明「対満蒙行政機関統一問題」『日中関係と外政機構の研究』原書房、一九八三年も参照した。
(136)芳井研一「満蒙鉄道交渉と世論」『人文科学研究(新潟大学)』六八号、一九八五年。
(137)小林道彦「大陸政策と人口問題 一九一八~三一年」『環太平洋の国際秩序の模索と日本』山川出版社、一九九九年。
(138)小池聖一「『宥和』の変容—満洲事変時の外務省」『再考・満洲事変』軍事史学会、二〇〇一年。

六 在満日本人社会の諸相

(1)川辺千代「所謂満妻として」『協和』一九二九年第六号。
(2)『人物12』一〇一、一六九頁。
(3)「満洲印象記(八)」『大阪毎日新聞』一九二〇年一二月五日。
(4)「割拠的生活」『大陸』五三号、一九一七年。
(5)満鉄長春調査員『長春ニ於ケル生地綿布ノ調査』一九二四年、一六頁。
(6)「奉天市場に於ける特産物」『満洲経済調査彙纂』五号、一九二八年、三六~三七頁。
(7)「輸入組合の業態と組合が組合員に与えた影響」『満洲輸入組合連合会会報』五号、一九二九年。
(8)高橋月南「大連に於ける店員制度(一~四)」『大陸』二三~二六号、一九一五年。
(9)「市内の無職者」『満洲日日新聞』一九一六年一一月三〇日。

(10)与謝野寛『満蒙遊記』大阪屋号書店、一九三〇年。
(11)服部暢『満洲』一九一三年、四四九～四五〇頁。
(12)満鉄庶務部社会課『大連在勤満鉄邦人社員生計費調査』一九二六年。
(13)「百拾圓の家計」『協和』一九二九年五月号。
(14)「壹圓四拾銭の生活」『協和』一九二九年五月号。
(15)「関東州阿片制度ノ沿革」『枢密院会議議事録』三〇巻、東京大学出版会、一九八六年。
(16)平井広一「関東州の財政構造」『日本植民地財政史の構造』ミネルヴァ書房、一九九七年。
(17)外務省外交史料館四・二・四・一―五―一「阿片其他劇薬及吸引器具取締雑件　輸入証明―関東庁ノ部」。
(18)この事件については、松原一枝『大連ダンスホールの夜』荒地出版社、一九九四年、一三～三〇頁が触れている。
(19)『帝国議会衆議院委員会議録　第四四回議会』一七巻、臨川書店、一九八四年、三三三頁。
(20)同前、三三五頁。
(21)棟尾松治『未解決の現代満洲』巌松堂書店、一九二一年、五三四頁。
(22)「阿片問題の中心人物」『東京朝日新聞』一九二一年二月一八日。
(23)「関東庁を救うための危険な阿片」『東京朝日新聞』一九二一年九月五日。
(24)「阿片判決理由」『東京朝日新聞』一九二二年八月一〇日。大井静雄『阿片事件ノ真相』一九二三年、第二節。
(25)「被告はみな欠席」『東京朝日新聞』一九二三年八月三一日。
(26)「枢密院会議筆記　昭和三年七月二五日」『枢密院会議議事録』四六巻、東京大学出版会、一九九二年。
(27)前掲平井論文、二四八～二四九頁。
(28)関東局『関東局施政三十年史』一九三六年、七二六～七二七頁。

(29)「無邪気な子供の見た中国人」『満洲日日新聞』一九二四年二月一九日。
(30)「生活環境と綴方（三）」『南満教育』九二号、一九二九年。
(31)「見学雑感」『満洲日日新聞』一九二一年四月二〇日、二一日。
(32)「支那児童の目に映じた日本人」『満洲日日新聞』一九二四年二月二一日。
(33)薛智昌「日本旅行雑感」『南満教育』五五号、一九二五年。
(34)福徳生命保険株式会社編『教育家の目に映じたる朝鮮支那南洋事情』一九二七年、五五〜五六頁。
(35)「植民地婦人と貯蓄心」『満洲日日新聞』一九二一年九月九日。
(36)「満洲の奥様方に」『文化と経済』六巻八号、一九二六年。
(37)「在満日本婦人は此の言を何と聞く」『満洲日報』一九三〇年一一月二七日。
(38)「満蒙二五〇〇哩（六）」『京城日報』一九二三年七月一日。
(39)「満洲の住心地と満洲で得た体験（一）〜（三）」『満洲日日新聞』一九二九年一月一日、三日、五日。
(40)倉橋正直「救世軍による満洲への女中の輸出企て」『愛知県立大学文学部論集（一般教育編）』三九号、一九九一年。
(41)「物の両端を辿る在満人の結婚」『満洲日日新聞』一九二三年一一月一七日。
(42)前掲「所謂満妻として」。
(43)「満韓ところどころ」『漱石全集』第一二巻、岩波書店、一九九四年、二三四頁。
(44)『定本花袋全集』第二八巻、臨川書店、一九九五年、四頁。
(45)「苦力中の車夫取締に就いて」『満洲日日新聞』一九二〇年八月二日。
(46)「苦力の公園出入禁止は日支親善の支障たらず」『満洲日日新聞』一九二〇年七月二四日。
(47)「電車と苦力」『満洲日日新聞』一九二六年七月二八日。

(48)『満洲日日新聞』一九二九年三月一三日。
(49)満鉄社長室人事課『中国人ボーイに関する調査』一九二八年。
(50)「かつて雇つた支人ボーイに老婆と少女惨殺」『満洲日日新聞』一九三〇年一二月一日。
(51)満鉄庶務部社会課『満洲ニ於ケル労働運動対策』一九二五年。
(52)『満蒙年鑑　昭和四年版』四六八頁。
(53)「満洲に於ける労働事情」『安東経済時報』五九・六〇号、一九二五年。
(54)関東庁臨時戸口調査部『臨時戸口調査記述篇　大正九年十月一日』一九二四年、三〇八頁。
(55)「邦人発展の最善策は中国語の研究習熟」『満洲日日新聞』一九二三年九月一五日。
(56)「或る小駅にて」『読書会雑誌』七巻一〇号、一九二〇年。
(57)『南満洲鉄道株式会社第二次十年史』下、原書房、一九七四年復刻、一二〇五〜一二〇六頁、『南満洲鉄道株式会社第三次十年史』一九三八年、二二〇八頁。
(58)「正しき支那語の話し方と日支合弁語の解剖（七）」『満洲日日新聞』一九二五年二月二〇日。
(59)「同前（六）」『満洲日日新聞』一九二五年二月一九日。
(60)「同前（七）」『満洲日日新聞』一九二五年二月二〇日。
(61)「同前（一四）」『満洲日日新聞』一九二五年三月一日。
(62)「同前（五）」『満洲日日新聞』一九二五年二月一八日。
(63)「大絃小絃」『満洲日日新聞』一九〇九年六月一四日。
(64)満鉄東亜経済調査局『満洲読本』一九二七年、九三頁。
(65)「遼陽地方ノ排日状況ニ関シ報告ノ件」『日本外交文書』大正一二年第二冊、一三九頁。

おわりに

（1）柳沢遊『日本人の植民地経験　大連日本人商工業者の歴史』青木書店、一九九九年、三三一〜三三三頁。
（2）「行詰まりの満洲（二）、（三）」『中外商業新報』一九二四年七月二九日、三一日。
（3）福田実『満洲奉天日本人史』謙光社、一九七五年、二九〇〜二九一頁。
（4）『満鉄社員健闘録』満鉄社員会、一九三三年、六九一頁。
（5）こうした観点は、金洛年『日本帝国主義下の朝鮮経済』東京大学出版会、二〇〇二年、二三七〜二三八頁を参考にしている。
（6）拙稿「一九四〇年代における満洲国統治の社会への影響」『アジア経済』三九巻七号、一九九八年。

あとがき

在満日本人の活動は日本国内の動向や在満日本人社会内部の問題とも関係していたが、満洲という地域の動向と離れて、その活動が行われていたわけではなかった点を本書では強調した。満洲という場所の具体的な映像がぼやけたなかで、在満日本人がどのような経歴で、どんな人間関係のなかにいたのかを、どれだけ詳しく明らかにしても、在満日本人の姿は見えてこない、という素朴な疑問の上に本書は成り立っている。

日本の歴史学界の内実を知らない一般の読者の方々は、なぜ、かくも素朴な疑問に答える研究が二一世紀の今日に至るまで行われてこなかったのか、不思議に思うであろう。本書のような観点で研究が行われてこなかった理由は、一言では言い尽くせないが、あえて言うならば、日本植民地史研究や日本帝国主義史研究では満洲や植民地（朝鮮、台湾）を外国とはみなさず、日本国内の延長として考える思考が強かった点を指摘したい。これらの研究では、例えば「戦前の日本経済はこうだったから、植民地の経済もそうなんだ」といった発想で、植民地（満洲も朝鮮も台湾もひとくくりである）の経済や社会のことが考えられてきた。

また、過去の日本と植民地とのかかわりについては調べるが、現在植民地であった地域の状況については無関心な点も、筆者には奇妙に思えた。現在の東北三省の状況や中国人に関する認識を深めることなく、満洲に対して戦前の日本がしたことを詳細に調べても、今後の日中関係を考える材料になるのか、今でも根本的に疑問に思っている。

本書の主要な材料となっている『満洲日日新聞』に目を通したのはオーバードクターの時期であり、国会図書館に行く時間的余裕はあったが、国会図書館までの交通費にも窮するほど経済的には余裕はなかった。幸い一九九九年に長野大学（長野県上田市）の専任教員に採用され、経済的苦境から脱することができた。少子化が進むなか、地方私立大学の運営は厳しい状況下にあり、研究以外の業務に多くの時間を費やしているのが現状である。とはいえ、研究活動がまったくできないわけではなく、かつて集めた『満洲日日新聞』の記事をもとに書き上げたのが本書である。

本書はこれまで筆者が発表してきた以下の論著をもとに、『満洲日日新聞』や他の資料を加えて書き下ろしたものである。

『中国近代東北経済史研究―鉄道敷設と中国東北経済の変化―』東方書店、一九九三年

「中国東北綿製品市場をめぐる日中関係―一九〇七〜一九三一年―」『人文研紀要（中央大学）』一一号、一九九〇年

「中国東北地域における日本商人の存在形態」『中央大学文学部紀要（史学科）』一六八号、一九九七

年
「奉天における日本商人と奉天商業会議所」波形昭一編『近代アジアの日本人経済団体』同文舘、一九九七年
「満洲事変前、大豆取引における大連取引所の機能と特徴」『東洋学報』八〇巻三号、一九九九年
「日露戦争前における在満日本人の動向」『長野大学紀要』二二巻四号、二〇〇一年

東京育ちの筆者にとって長野県上田市での生活は、当初は戸惑うこともあった。しかしながら、長野大学の同僚の先生方、地域の方々からあたたかく迎え入れられ、今では東京に行くと落ち着かず、上田に帰ってくるとほっとした感じを持ってしまう。本書は筆者にとって上田で書き上げた最初の著作として、忘れられないものとなるであろう。

本書を書き上げるにあたっても、様々な方の協力、助言をいただいている。この場をかりて、あつくお礼申し上げたい。

二〇〇四年七月

塚瀬　進

新装復刊にあたって

本書の最大のねらいは満洲史の中に日本人の活動を位置付けるという、「満洲史のなかの日本人」を描き出す点にあった。風土、文化、言語など、日本とはまったく異なる状況下の満洲において、日本人はいったい何をしていたのか。地域史研究者として訓練を受けてきた筆者の学術的背景を使い、その具体的な姿を明らかにするという問題関心が、筆者をして本書を書かせた最大の理由である。(1)

こうした問題関心を持つに至った理由は、「満洲の日本人」をめぐる日本での研究状況に大きな疑問を持ったからである。筆者の理解では、戦前に中国や満洲に暮らした日本人居留民は「ラジカルな侵略性」を持ち、日本帝国主義の尖兵的な役割を担ったと評価されている。(2) 日本帝国主義の勢力拡大をおこない、現地の人々に帝国主義支配を強要した人々だと理解されているのである。こうした評価は、日本帝国主義史研究の立場から研究をおこなう人々により主張されてきた。日本資本主義の構造と帝国主義支配体制のなかに在外日本人商工業者を位置付けることを目標にして、台湾、朝鮮、満洲、中国に暮らした日本人の諸相について研究がおこなわれてきた。筆者には、こうした研究が示す在外日本人居留民の姿は、日本の勢力圏において飽くなき勢力拡大をはかり、現地の人々を搾取する日本人というようなイメージを抱かせた。

戦前、満洲に暮らした日本人居留民の中に、日本帝国主義の尖兵的な役割を果たした日本人がいたことは事実である。しかしながら、筆者は二点について強く疑問を持った。第一に、日本人居留民といってもさまざまな日本人がおり、果たして「日本帝国主義の尖兵」という理解だけで良いのかという点である。第二に、日本人居留民が活動した場所は日本ではなく外国であった。外国である満洲で、非日本人を相手にして、どのように「日本帝国主義の尖兵」としての役割をしていたのかである。言語、使用通貨、社会通念が日本とは違う満洲でおこなわれていた、日本人居留民による「帝国主義的行為」とは具体的にはどのようなものか、知りたいと考えるようになった。これら二点の疑問に答える型式で、満洲国建国以前に満洲で暮らした日本人について本書は叙述している。

第一の疑問については各種の統計を検討することにより、満洲に暮らした日本人（以下、在満日本人）は満洲のどこに、どれくらいの期間、如何なる職業を営んでいたのか考察をした。在満日本人は満洲各地に満遍なく居住していたのではなく、関東州と満鉄附属地に集住しており、一九二九年では九〇％以上がこれらの場所に暮らしていた（九七頁）。つまり、広大な満洲の中の限られた場所、日本が日露戦争の結果として獲得した権益の中に固まっていたのである。満洲にやって来た日本人は土着して、生涯を満洲で過ごしたのかというと、大半の日本人は五年未満で帰国していた。関東庁による調査では、一九二〇年時点で在満年数が五年未満の日本人は六二・五％であった。一九三〇年の調査では、在満年数五年未満の日本人は四五・七％だとしている（一七二頁）。在満日本人は流動性が高い集団であったことを示している。在満日本人の職業構成について、筆者は各種の統計を検討し、四〇～五〇％が満鉄社員・関東庁の官吏とその家族であったこと、残りの日本人の多くは在住日本人を顧客にした小売商、サービス業者であり、中国人と取引をおこない生計を立てていた日本人は僅かであったことを明らかにした（五〇頁）。

こうした考察の結果、在満日本人は日本が持つ満洲権益に依存して日本人同士で集住しており、職業も満洲権益に付随したものであったと理解した。さらには、中国人と経済関係を取り結び、中国人から利益を得ていたのではなく、日本人同士で「共喰い」的に暮らす日本人が大半であったという在満日本人像が筆者のなかには出来上がっていった。大連の日本人商工業者を考察した柳沢遊の研究は、大連に住んだ半数ぐらいの商工業者の動向を検討したものであり、満鉄社員など残りの半数を占めた日本人については検討していない[3]。本書では日本人商工業者ではなく「満洲の日本人」を考察対象とし、その中での日本人商工業者の位置について考察を試みた。

第二の疑問である、日本ではない満洲で日本人は日々どのような生活をしていたのかについては、大連で刊行された『満洲日日新聞』の記事を分析して、在満日本人の日常生活を復元してみた。先ず、言語については、中国語を話す在満日本人はほとんどいなかった。その理由は、在満日本人は日本人だけで集住して暮らしていたので、周囲は日本人であり、中国語を話す必要性はなかったからである。在満日本人と関係性があった中国人は、下働きの下男・下女、車夫、行商人などであった。

かかる中国人との会話には「日中合弁語」と称された、日本語と中国語を混ぜ合わせた、簡単な意味さえ通じればよい言葉が使われた。こうした生活をしていたので、在満日本人が接した中国人は下層の人々であり、きちんとした教養ある中国人と交友する機会はほとんどなかった。さらには、中国語を習得して中国人との交友関係を拡大することが、在満日本人の人生キャリアの向上にはつながらない構造があったと考えられる（一九五～一九八頁）。

使用通貨が在満日本人と中国人では異なったいたことを指摘し、この点から生じていた事態について考察した。日本人は金建（金経済）、中国人は銀建（銀経済）の通貨を使っていたので、両者の間には金銀比価の変動という問題が存在した。中国人はその日の銀相場に留意して相場変動に敏感な日常生活をおくっていた。しかし在満日本人はそうではなく、相場変動により銀建の中国人に利益を与えていることには無頓着な毎日を過ごしていた（二〇四～二〇五頁）。在満日本人は中国人が使用していた銀建通貨（奉天票など）を受け取ることはなく、日本国内と同様の感覚で満洲に暮らしていたのである。

中国人商人と取引していたのは相応の規模の商社や商店であり、小規模の日本人商人は中国人との取引を有利とはみなしていなかった。例えば、公主嶺での綿糸布取引は六〇日間の延取引であったので、「言語が通じぬ異国の者」、「戸籍さえ定まっていない異国の者」に、「三〇〇万円の綿糸を売って六〇日後に八〇銭程度」の利益を受け取る、「弱き商売」をしていたと指摘されていた（一三七頁）。もっとも、中国人を取引相手と考える日本人商人は少なかった。言語も通じず、素性もよくわからない中国人と取引するよりも、在満日本人商人の周囲には固定給で働く満鉄社員や関東庁の役人がおり、彼らを顧客にすれば面倒な問題が生じる可能性は低かったからである。さらに、満洲に赴任した日本人の多くは日本の食料や商品を欲しがっていたので、日本人商人の活動できる範囲が存在した。こうした状況が、「共喰い」的な日本人商人の営業を可能にしたという見解を述べた（一四四〜一五二頁）。

本書の刊行時（二〇〇四年）では、満洲で活動した中国人や中国人商人についての研究はほとんどおこなわれていなかった。それゆえ、在満日本人商人と中国人商人の関係性についても十分に論じることはできなかった。しかし、現在では松重充浩[4]、宋芳[5]による研究が出され、在満日本人との関係性を検証できる状況が生まれている。

本書は地域史研究の観点を軸にしており、日本帝国主義史研究が掲げる「植民地支配をささえた社会経済的基盤としての日本人居留民の動向を明らかにする」という視角とはまったく異なる問題関心から「満洲の日本人」について考察している。分析の方向は、具体的な在満日本人の生活風景の復元である。考察の結果、在満日本人は中国人と関わることなく日本人同士で固まって暮らしていたこと、適当に稼いだならば日本に帰国するという流動性が高かったこと、少々値段が高くても日本の物を買おうとして日本人商人に足元を見られていたこと、ハワイやブラジルへ移住した日本人は移住先で労働に励み、現地の人から賃金を得ていたが、在満日本人はそうではなかったことなどを主張した。そして、こうした内向きな生活形態、中国人社会へと活動範囲を広げて新たな商圏を得る意識が低かったことが、在満日本人の中に本国への依存や対外的な侵略性を持たせていたと指摘した。

本書刊行後、この著作は日本帝国主義を糾弾、断罪することを避けており、逆に日本による満洲侵略はそれほど大したものではなかったかのような印象を読者に与えているという批判を受けた。筆者には日本による満洲侵略を正当化する意図はまったくない。反論を述べるならば、本書は日本帝国主義の糾弾、断罪を目的にしていない。そもそも目的としていない内容が不十分であるという批判は、「ないものねだり」に等しい。おそらく「日本帝国主義への批判なくして、戦前の満洲史について記述することは根本的に間違っている」というような認識が、日本人の一部には存在しているのだと推測する。そうした感覚もわからないではない。本書は、満洲の市井に生きた日本人の暮らしを復元し、「日本人として海外で生きるとは」について読者に考えてもらうことを真の目的にしている。そうした文脈の中に、「日本帝国主義の尖兵」としての在満日本人も含めて叙述したと筆者は考えている。もとより、かかる意図がどれだけ達成されたかは、読者の判断にまかせたい。

（1）筆者の満洲史（マンチュリア史）についての見解は、拙著『マンチュリア史研究―「満洲」六〇〇年の社会変容―』吉川弘文館、二〇一四年を参照されたい。

（2）波形昭一「日本帝国主義の満州金融問題」『金融経済』一五三号、一九七五年。柳沢遊『日本人の植民地経験大連日本人商工業者の歴史』青木書店、一九九九年。

（3）前掲柳沢書。

（4）松重充浩「日本の中国統治と中国人顧問―関東州・劉心田を事例として―」劉傑、川島真一編『対立と共存の歴史認識』東京大学出版会、二〇一三年（「日本側が提示する諸法を利用することで自らの発展の契機」をつかんでいた中国人の様相について明らかにしている）。同「第一次大戦前後における大連の『山東幇』中国人商人」本庄比佐子編『日本の青島占領と山東の社会経済』東洋文庫、二〇〇六年（大連の中国人商人の間に存在した、日本側とどのような関係を持つかにより利害関係が異なった状況について明らかにしている）。

（5）宋芳芳「大連華人の社会的生活基盤―大連の華商公議会を中心に―」芳井研一編『南満州鉄道沿線の社会変容』知泉書館、二〇一三年（中国人により組織され公議会が、大連在住中国人の生活基盤（道路、街頭）の整備に尽力した側面について検討している）。

著者略歴

一九六二年　東京都に生まれる
一九九一年　中央大学大学院文学研究科博士後期課程単位取得退学
現在　長野大学環境ツーリズム学部教授、博士（史学）

〔主要著書〕
『中国近代東北経済史研究―鉄道敷設と中国東北経済の変化―』（東方書店、一九九三年）
『満洲国―「民族協和」の実像―』（吉川弘文館、一九九八年）
『マンチュリア史研究―「満洲」六〇〇年の社会変容―』（吉川弘文館、二〇一四年）

満洲の日本人〈新装版〉

二〇二三年（令和五）三月一日　第一刷発行

著　者　塚《つか》瀬《せ》　進《すすむ》
発行者　吉川道郎
発行所　株式会社　吉川弘文館
郵便番号一一三―〇〇三三
東京都文京区本郷七丁目二番八号
電話〇三―三八一三―九一五一〈代表〉
振替口座〇〇一〇〇―五―二四四番
http://www.yoshikawa-k.co.jp/

印刷＝株式会社　ディグ
製本＝株式会社　ブックアート
装幀＝河村　誠

ISBN978-4-642-08427-7

塚瀬　進著

満洲国 「民族協和」の実像

四六判・二六四頁／二三〇〇円

日本のために存在した満洲国。その虚構に満ちた歴史には、今日の日本人が顧みるに足る日本人の限界・問題点が凝集している。国家消滅から五十年を経てその地に立った著者が、満洲という地域の特徴を明らかにし、満洲国統治の実態とその矛盾について考察する。民族共生の道とは何か、国際化社会における現代日本人のあり方に新たな問いを投げかける。

マンチュリア史研究 「満洲」六〇〇年の社会変容

〈残部僅少〉Ａ5判・三〇二頁／一一〇〇〇円

民族名や国号に由来する満洲に対して、地名としての呼称であるマンチュリア。十四世紀の明代から一九四九年の中華人民共和国の成立にいたる六〇〇年間、いかなる要因で社会は変容していったのか。内外の研究成果や諸史料を利用し、新事実をふまえ検証。中国王朝やロシア、モンゴル、朝鮮など周辺諸国との関連に着目しつつ、マンチュリア史を描く。

吉川弘文館
（価格は税別）